진격의 독학자들

진격의 독학자들

인문학협동조합
기획

스스로 배움을 찾아나선
사람들의 이야기

푸른역사

공무원
공무사는 팔방미인
장으로 넘나드는 관료
장일일

'별'의 형식으로 깨고
의미를 발명하다
조선 만달의 활자사
신불출

시대의 마운드에서
되양자하다
'조선 야구'의
시작과 끝
박석윤

홀로 배운 참술로 얼굴
공동체의 꿈
시인
신동문

'감인란 육체의 여성,
열하라는 금지된 모험
한국 최초
여성 영화감독
박남옥

유신철권과 개발독재가
낳은 비극, 철거민
만들어진
'무등산 타잔'
박홍숙

'무한동력 장치'
실패했지만 '믿음'에
실패는 없다
발명가
오철균

문학과 사회주의,
독학자들의
영원한 다리
독학과 기연
임화와
마츠모토 세이초

우리의 얇은
들어립 수 없어
연무되어 있다
스스로를 불사른
평화시장 재단사
전태일

민발자의 예술중도
추방, 난민,
독학의 화가
조알규

민주 노조운동의
산증인
한진중공업
해고노동자
김진숙

혁명군대사 현장,
유산의 나를 찾아서
항토사학자
김천수

사법고시 합격에서
SW 개발까지
실천적 정치인
고 노무현
대통령

나의 삶이 낭신에게
날이 될 수 있다면
트랜스젠더 소설가
김비

조선의 힘으로
근대화된 꿈꾸다
조선 최초의
철도사업가
박기종

1200도,
불 자유자재로…
우리 손에 담긴
錄子 가공 장인
김종득·김원웅

통섭을 실현한
지식의 '오덕후'
팔방미인 저술가
현병주

1,800건의
북 리뷰로
주려소설에
지도를 그려다
세대 別 리뷰어
홍윤(물만두)

커피 붐을 꿈던 손이
카페라쓰 들다
용접사 출신
산업직진가
조순만

기번퇴근어
국가에 고깝
페리아 조선인
포로 유족
문용식

당신의 공부는 안녕하십니까

2013년 12월, 고려대학교 후문에 〈안녕들 하십니까〉라는 제목의 대자보가 붙었다. '민영화 반대'를 내걸고 투쟁하다 직장에서 내몰린 철도 노동자의 소식을 앞머리에 내건 그 대자보의 존재가 처음 알려졌을 때만 해도 이후 벌어질 사태를 예견했던 사람은 거의 없었다. 하지만 뒤따른 일은 우리 모두가 기억하는 대로다. 그 글의 존재가 알려지자마자 최초 작성자 주현우 씨의 대자보 옆에 100여 장의 대자보가 팝업창처럼 순식간에 나붙었고 이후 봉화대의 불길이 피어오르듯 전국 각지의 대학에서 자신들의 '안녕'을 되묻는 대자보가 토익과 공무원 시험 광고 전단지로 도배된 담벼락 위를 점령하기 시작했다.

알다시피 대자보는 과거 학생운동에서 활용했던 대표적인 미디어였다. 대자보는 학생운동의 쇠락과 함께 소멸의 길을 걷는 듯 보였지만 2013년 겨울 우리가 확인한 건 그 레트로한 미디어가 담지하는 새로운 진정성의 가능성이었다. 그 진정성은 비단 "정부와 자본에 저항한 파업은 모두 불법이라 규정"하는 사회에 대한 날카로운 비판에서 비롯한 것만은 아니었다. 당시 주현우 씨의 대자보에 응답했던 많은 학생들은 지금 자신이 발 딛고 있는 대학의 초라한 현실과 그 안에서 방황하고 있는 자신의 실존을 솔직하고 담담하게 드러냈다. 말하자면 당시 대학생들은 〈안녕들 하십니까〉 대자보에 담긴 국가와 자본에 대한 정치적 규탄을 자신의 삶과 배움의 관계를 둘러싼 문제로 번역해냈던 것이다.

2013년 겨울을 뜨겁게 달구었던 그 대자보들에서 공통적으로 발견되는 것은 당시 대학생들이 겪고 있던 '배움'과 '공부'의 의미에 대한 심각한 회의와 혼란이었다. 그리고 자신들이 처해 있는 분열적인 상황에 대한 커다란 분노였다. 그건 '대학'의 사회적 의미와 기능과 관련된 분열적 인식에서 기인하는 것이었다. 가령 많은 사람들은 아직도 대학을 학문을 연구하고 진리를 탐구하는 배움의 성전이라 일컫지만 실제 대학생들이 마주하는 대학의 현실은 그러한 당위적 언설을 터무니없는 것으로 냉소하게 만들기에 충분하다. 대학생들은 자신의 배움을 재빨리 경제적 효용으로 탈바꿈시키는 요령을 익히길 강요받으며 그와 같은 요령으로부터 동떨어진 학문을 선택한 학생들은 그야말로 요령부득要領不得의 곤경에서 허우적거릴 수밖에 없다.

당시 대자보를 통해 자신들의 목소리를 토로했던 대학생들이 직면한 이상과 현실 사이의 낙차는 자연스럽게 '이중구속double bind'이라는 용어를 떠올리게 만든다. 이중구속이란 모순되거나 서로 용납되지 않는 방법으로 해석될 수 있는 메시지를 수신받은 사람이 처하게 되는 심리적 혼란 상태를 지칭한다. 대학을 진리 탐구와 학문 연구의 장이라고 주장하는 목소리와 대학은 이미 죽었으며 기업과 자본의 이해에 복무하지 못하는 낡은 학문들이 도태되는 건 당연한 현상이라는 주장을 함께 수신해야 했던 그 학생들이 겪었던 혼란은 막대한 것이었다.

하지만 2013년의 대학생들이 그와 같은 이중구속의 곤경에 처음 빠진 사람들은 아니었다. 대학의 기업화와 기초학문의 주변화는 그보다 훨씬 오랜 역사를 가진 과정이었고 아무런 저항 없이 매끄럽게 진행되었던 것도 아니다. 과거 학생운동이 아직 미약한 힘을 발휘하던 시대에 학생회는 신자유주의적 대학 개혁을 비판하는 투쟁에 선봉에 섰었다. 하지만 학생회를 비롯한 자치조직이 와해되면서 저항은 무력화되거나 파편화되었다. 그런 와중에도 사회에 커다란 파급을 끼친 다양한 저항의 실천은 존재해왔다. 공교롭게도 〈안녕들 하십니까〉라는 이름의 대자보가 붙었던 곳은 그로부터 3년 전인 2010년, 또 하나의 기억할 만한 대자보가 붙었던 자리였다. 〈오늘 나는 대학을 그만둔다, 아니 거부한다〉라는 도발적인 제목의 그 대자보에서 작성자 김예슬은 이렇게 쓴 바 있다.

이름만 남은 '자격증 장사 브로커'가 된 대학, 그것이 이 시대 대학의 진실임을 마주하고 있다. 대학은 글로벌 자본과 대기업에 가장 효율적으로 '부품'을 공급하는 하청업체가 되어 내 이마에 바코드를 새긴다. 국가는 다시 대학의 하청업체가 되어, 의무교육이라는 이름으로 12년간 규격화된 인간제품을 만들어 올려 보낸다.

기업은 더 비싼 가격표를 가진 자만이 피라미드 위쪽에 접근할 수 있도록 온갖 새로운 자격증을 요구한다. 이 변화 빠른 시대에 10년을 채 써먹을 수 없어 낡아 버려지는 우리들은 또 대학원에, 유학에, 전문과정에 돌입한다. 고비용 저수익의 악순환은 영영 끝나지 않는다. '세계를 무대로 너의 능력만큼 자유하리라'는 세계화, 민주화, 개인화의 넘치는 자유의 시대는 곧 자격증의 시대가 되어버렸다.

김예슬의 자퇴는 사회적으로 커다란 반향을 불러일으켰다. 그의 선언의 과단성은 사람들이 알지 못했던 비밀을 누설했다는 데 있는 것이 아니라 모두 알고 있지만 체념적으로 받아들였던 사실을 우리로 하여금 정면으로 마주하게 했다는 데 있다. 그런 점에서 그의 목소리는 임금님이 벌거벗었다는 사실을 외친 천진한 꼬마의 목소리를 닮았다. 세상에 대해 '너무 많이 아는' 어른들이 세상일이란 원래 그런 거라고, 체념을 지혜로 교묘하게 뒤바꾸려 할 때 천진한 아이는 눈에 보이는 진실로 그 간계에 맞선다. 김예슬은 대학이 학문 탐구의 전당이 아니라 '기업의 하청업체'이자 '자격증 장사 브로커'임을 만천하에 드러냄으로써 우리로 하여금 체념적으로 회피하고 싶었던 진실과 대면하게 만들었다.

2010년 김예슬의 선언과 2013년 주현우의 질문, 그리고 거기에 응답했던 수많은 대학생들의 목소리는 여전히 대학을 삶과 공부의 터전으로 삼고 살아가고자 분투하는 많은 사람들에게 결코 지나칠 수 없는 고민을 안겨주었다. "삶과 앎, 노동의 행복한 공생을 꿈꾸는"[1] 사람들에게는 그

고민이 특히 각별했을 터, 2013년 창립된 '인문학협동조합'은 이렇게 지식과 노동, 삶과 공부를 둘러싼 모순이 대학이라는 체제 내에서 임계에 달했음을 깨달은 사람들이 마주한 위기의식 속에서 탄생했다. "공부와 삶의 불일치를 협동적 활동으로써 극복하고, 시민들과 인문학의 공유를 통해 서로의 삶에 보탬이 되게 하고, 인문학자와 인문학 공간들의 네트워크"[2]를 지향하는 인문학협동조합에서 '독학자'의 형상에 주목한 것은 바로 지금 우리의 앎과 삶을 지탱하고 있는 시스템에 대한 발본적인 고민의 결과였다.

'독학자'란 무엇인가. 그건 사전적으로 '스승이 없는 사람 혹은 학교에 다니지 아니하고 혼자서 공부하는 사람'을 의미한다. 하지만 여기서 말하는 '스승'이나 '학교'는 어디까지나 제도적인 측면을 일컬을 따름이다. 진정한 독학자에게는 만인이 스승이고 학교는 도처에 있다. 그런 점에서 '독학자'는 기성 제도로부터 탈주하거나 소외된 인간이지만 역설적으로 그 탈주와 소외로부터 수많은 배움의 단서를 풍부하게 획득한 사람이기도 하다. 그래서 '독학자'는 언제나 지금 우리가 몸담고 있는 이 제도를 반성적으로 돌아보게끔 한다. 한국의 학생들은 왜 학교에 들어가기 전부터 과도한 학업 노동에 시달리는가? 거기서 얻는 앎과 배움이 그 학생들이 건강한 사회적 주체로 서게 하는 데 어떤 효용을 지니는가? 어쩌면 그러한 배움의 과정이 앎과 지식으로부터 그들을 소외시키고 현 사회 시스템에 길들여진 '똑똑한 바보'들을 양산하는 것은 아닐까? 이런 물음은 필연적으로 우리에게 '배움'의 진정한 의미가 무엇인지 다시 묻게 만든다. 공부가 스스로를 만들어가고 발견하는 창조적인 과정이 아니라 그 자신을 체계적으로 소외시키는 노동으로 전락해버린 지금, 우리는 그 시스템 밖에서 스스로 길을 찾아 나섰던 사람들의 이야기를 조명할 필요가 있다고 느꼈다.

이 책은 인문학협동조합에 몸담고 있는 필자들이 중심이 되어 기존 제도 밖에서 독창적인 배움의 길을 걸어갔던 스무 명의 이야기를 담고 있다. 여기서 다루고 있는 인물들은 개화기에서부터 현재에 이르기까지 백여 년의 시간대에 걸쳐 있으며 독학의 분야도 야구와 같은 스포츠에서 철도와 같은 근대 문물, 그리고 초자와 같은 과학 실험 도구에 이르기까지 다채롭다. 역사적 인물에 대해서는 풍부한 자료를 섭렵해 이제껏 대중들에게 알려지지 않았던 측면을 적극적으로 조명하고자 했고, 아직까지 현장에서 활발한 활동을 벌이고 있는 인물의 경우 직접 찾아가 생생한 현장의 분위기를 담아내고자 했다.

여기 묶인 글들은 2016년 《한국일보》에 〈진격의 독학자〉라는 제목으로 연재되었던 글들이다. 총 20회에 걸친 오랜 연재 기간 동안 스무 분의 필자께서 좋은 글을 보내주셨고 이후 책으로 묶기 위해 기존 글을 수정하고 가다듬었다. 연재를 진행하고 책으로 묶는 사이 한국 사회에는 커다란 변화가 있었다. 거대한 촛불의 물결이 광장 위에 우뚝 선 것이다. 그 자체가 우리에게는 민주주의에 대한 커다란 배움의 과정이었다. 비록 제도적 언어로 연마된 건 아니지만 촛불 광장에서 낯선 사람들과 함께 마음을 모으는 경험은 어떤 정치학 교과서의 언어보다 삶과 민주주의의 본질적인 연관성을 탐구하게 하기에 충분했다. 그 겨울 우리는 서로에게 그 앎을 전파하는 교사였으며 광장에서 민주주의를 공부하던 '독학자'였다.

역사적으로 정치적 지배층이 지식의 생산과 유통을 독점하고 통제했던 예는 드물지 않다. 그건 앎과 배움이 협소한 지식의 문제를 넘어 정치적 지배의 문제와 밀접히 연관되어 있음을 의미한다. 이런 점에서 민주주의는 단지 투표권의 획득에 불과한 것일 수 없다. 민주주의는 앎과 배움의 평등을 통해 만인이 통치의 주체가 될 자격을 지니는 정치체제인 것이다. 지금 우리에게 필요한 건 바로 이와 같은 평등의 조건으로서의 앎과 배움이다. 현재 교육은 특정한 재화와 권력에 접근할 수 있는 사람과 그렇지 않은 사람을 '합리적으로' 구획하는 사회적 분할선으로 고착화되고 있다. 이 책을 통해 독자들이 앎과 삶의 관계에 대해 나름의 고민을 덧붙일 수 있다면 더 바랄 것이 없을 것이다.

2019년 여름,
필자들을 대표해 한영인

차례

공부를
공부하는
팔방미인

읽고 쓰는 사람, 장정일

1984년 무크지 《언어의 세계》 3집에 시를 발표하면서 시인으로 데뷔한
장정일은 1987년 희곡 〈실내극〉으로 《동아일보》 신춘문예에 당선되어 극
작가가 되었으며 1988년 문학잡지 《세계의 문학》 봄호에 단편소설 〈펠리
컨〉을 발표하면서 소설가가 되었다. 그는 첫 시집 《햄버거에 관한 명상》
(1987, 민음사)으로 제7회 김수영문학상을 수상했고, 소설집 《아담이 눈뜰
때》(1990, 미학사)로 시대 전환적 문학의 도래를 선언하게 된다. 《아담이
눈뜰 때》(1990), 《너희가 재즈를 믿느냐?》(1992), 《너에게 나를 보낸다》
(1994)로 이어진 소설의 영화화로 대중적 인기를 얻었고, 《내게 거짓말을
해봐》(1996)로 필화 사건을 겪으며 '판금(판매금지)' 작가가 되었다. 60세

에 이르기까지 20권 이상의 '독서일기'를 내겠다는 포부로 지속적으로 독서 후기 모음집을 출간하면서 성실한 독서가가 되었고, 1994년부터 출간하기 시작한 독서 기록이 《장정일의 독서일기》(전7권)로 시작되어 《빌린 책, 산 책, 버린 책》(전3권) 등으로 이어지고 있다.

시, 소설, 희곡, 서평, 해설, 에세이, 비평, 칼럼, 인터뷰에 이르는 장르를 넘나드는 글쓰기로 한국 문학사에서 독특한 위상을 마련한 그는 《장정일의 악서총람》(2015), 《장정일, 작가》(2016)에서 보여주듯, 문학 범주를 훌쩍 넘어 분야를 넘나드는 글쓰기로 폭넓은 독자를 확보하고 있다. 독자가 이름만으로 무엇에 대한 어떤 책인지 묻지도 않고 신작을 덥석 집어 들게 할 만큼 그는 신망 두터운 저술가다.

활자와 사람 그리고 현실을 가로지르며 읽고 써온 이력만 슬쩍 둘러봐도 그를 두고 독학 운운하는 것은 부적절한 듯 보인다. 그가 문학 영역에서 자신의 이력을 쌓아왔음을 떠올리면 더욱 그렇다. 그는 눈 밝은 비평

장정일 저서
독학자 장정일이 걸어온 여정을 보여주는 책들.

가에 의해 뒤늦게 고평된 문단의 숨은 보석 쪽이 아니라 문학적 글쓰기가 시작된 이래 끊임없이 문단의 주목을 이끌고 독자를 매혹시킨 기린아 쪽에 가깝다. 장르의 벽을 넘어 자유롭게 비행하고 표현의 틀을 실험하는 그의 글쓰기는 우리가 금과옥조로 여겼던 문학에 대한 굳은 이해법을 재고하는 데 기여한 바 크다.

그의 문학적 성취는 차치하더라도 문학가에게 독학자라는 수식어가 합당한지를 두고도 머뭇거리게 된다. 대체로 우리는 문학적 글쓰기에 관한 한 창작을 가능하게 할 일반적 원리가 따로 있다고는 생각하지 않는 편이다. 글쓰기 능력을 누군가의 가르침을 통해 전수되거나 습득될 수 있는 것으로 생각하지 않으며 전수와 교육이 가능하다고 해도 글쓰기 수준이 단기간에 쉽게 향상될 수 있다고도 믿지 않는다. 오히려 기성의 예술 개념 바깥에서 새로운 예술이 움틀 수 있으며 미래의 예술은 우리의 상상 너머에 있을 것이라고 생각하는 편이다. 문학적 글쓰기를 타고난 능력으로 여기는 이러한 관점에 기대어 성취 여부를 배움의 유무와 분리해서 이해하게 되는 것이다. 상식의 진릿값을 따지는 일을 별도로 하자면, 창작물을 두고 배움[學]의 여부를 따지는 이해법이 사회적으로 폭넓게 수용되고 있지는 않은 것이다.

그럼에도 꽤 오랫동안 '독학자'가 읽고 쓰는 사람 장정일을 규정하는 주요 수식어 가운데 하나로 거론되었던 것은 흥미로운 일이 아닐 수 없다. 가령 위키피디아의 장정일 항목은 "불우한 환경 속에 최종 학력이 중학교 중퇴임에도 불구하고, 독학과 독서를 통해 문학의 길에 입문하였다"[1]라는 문장으로 시작한다. 그는 오래전에 독학과 독학자에 대한 자전적 기록을 다음과 같이 남긴 바 있다.

"우스개나 진지함으로 어떤 사람들은 '문학을 하기 위해서는 차라리 제도교육을 덜 받은 것이 다행이었다'고 말하기도 하는데, 나는 절대 그렇게 생각하지 않는다. 정규 교육을 받지 못한 사람의 고통은 여러 가지 종류의 것이지만 다른 사람이 다 하는 것을 하지 않았던 것은 많은 콤플렉스를 불러온다. 그러지 않아도 과대망상과 자기비하가 시계추처럼 늘 오락가락하며 정서불안을 형성해놓고 있던 내게 독학은 정신을 피폐하게 했다. 학교에서 공부를 하게 되는 사람은 자신의 스승이 있음으로 인하여 항상 모자라는 것을 알게 되고 이인자라는 것을 뼈저리게 느낀다. 겸손해지는 것이다. 반면 독학자는 자신이 세상에서 최고라는 착각에 빠지기 쉽다. 하여 독학자가 세상에 대하여 키우는 것은 시기와 질투와 원한과 독선과 오만이다."[2]

무학과 독학, 학력學力과 학력學歷

아주 오래전 기록을 들춰내고 그것을 기준으로 장정일의 정체성을 새삼 확인하는 일이 무용에 가까운 것임을, 지금의 '작가' 장정일이 전혀 다른 지평에 서 있음을 분명히 해두고 짚어보자면, 오래된 기록의 행간에서 읽게 되는 것은 한국사회에서 독학의 의미가 '무학'과의 연관 속에서 뚜렷해진다는 점이다. 옛 현인들의 전언에 따르면 우연히 만난 지나는 행인에게서도 배울 게 있다고 했으니, 배움이 없다는 말은 좀 이상하다. 누군가를 두고 배움이 없다고 말하는 것은 쓰임새상 적절하지도 않다. 그럼에도 배움이 없다는 말이 부가설명 없이 널리 이해되고 있기도 하다.

최고령 입학이나 졸업, 혹은 가난으로 배우지 못한 한을 특정 학교에

전 재산을 기탁하고 배우지 못한 이들을 위한 후원으로 해소·대체하는 일은 언론의 주목을 받으면서 미담으로 다루어지곤 한다. 개별적으로 동의하든 않든 홀로 공부한 사람은 배움이 모자란 사람이라는 생각이 지금껏 공유되고 있다. 이러한 사정은 '독학'이 제도권 바깥에서 배운다는 말로, '무학'이 제도권에서의 배움이 없다는 말로 이해되고 있음을 말해준다. 제도권 바깥에서 배우는 것과 배움이 없다는 말이 그간 유사어처럼 사용되어온 것이다.

제도권 내에서의 배움에 사회 전체가 동의하는 높은 가치가 부여되는 이러한 사정은 계몽의 시대가 남긴 부정적 여파라고 해야 하겠지만, 그것이 낡은 것이자 지나간 과거의 것이라 단정 짓기 쉽지 않은 것도 사실이다. 오히려 모든 형태의 배움이 제도교육으로 귀결되는 강도와 속도가 배가되고 있는 게 현실이다. 살면서 습득해야 할 모든 것을 '체계적으로' 배워야 한다는 강박이 모든 배움을 기술과 요령의 습득으로 만들어버리고 있는데, 이러한 사회적 분위기를 부채질하는 것은 따지자면 학력지상주의다. 더 좋은 학벌을 마련하기 위해 배움을 획득할 요령과 기술이 더 중요해지는 것이다. 평가와 점수로 귀결하는 이러한 방식이 문제로서 지적된 것은 꽤 오래되었으나, 실질적으로 한국사회에서 학력지상주의가 완화되고 있는 기미는 거의 없다고 봐야 한다.

반대로 고학력 인플레로 대학 졸업장과 대학원 졸업장이 넘쳐나는 시대가 되면서 학력지상주의는 은밀하게 극심해졌다. 모든 것을 개인 탓으로 돌리는 기이한 시대정신은 여전히, 아니 이전보다 표 나게 배운 사람을 높이 쳐주고 배우지 못한 사람에게 부끄러움을 강요한다. 국가 공인 교육 프로그램을 이수하는 것 사이에도 등급이 있고, 같은 등급 내에도 수많은 세부 등급이 만들어지고 있다. 사교육 공화국인 이 땅에서 가르치고 배우는 일이 차고 넘치지만, 대개 그 공부는 스마트기기의 매뉴얼을 숙지하는 과정과 그리 다르지 않다. 배워서 얻은 능력인 '학력學力'과 제도권 교육을 이수한 이력, 즉 학교를 다닌 경력인 '학력學歷'의 의미가 거의 같아지는 중이다.

장정일이 온전한 의미를 채우며 만들어내는 독학의 영역이 소중하게 여겨지는 것은 모든 형태의 '배움'이 제도교육으로 빨려드는 시대의 이상 열기 속에서 그가 '배움' 자체의 의미 영역을 구제하고 있기 때문이다. 읽으면서 쓰는 '작가' 장정일에게 '무엇에도 휘둘리지 않는 삶을 위한 가장 평범하지만 가장 적극적인 투쟁'이 '공부'이고[3] 그것이 곧 독서 자체임을 환기해봐도 좋다. 독서, 즉 공부를 통해 그가 만들어내는 영역이야말로 배워서 얻은 능력인 학력學力이 축적되는 곳이다.

장정일 젊은 시절
젊은 시절 장정일의 모습.

장정일의 독서열은 삼중당문고 독파로 더 유명하다. 그에게 독서는 "열 다섯 살,/ 하면 금세 떠오르는 삼중당문고/ 150원 했던 삼중당문고/ 수업시간에 선생님 몰래, 두터운 교과서 사이에 끼워 읽었던 삼중당문고/ 특히 수학시간마다 꺼내 읽은 아슬한 삼중당문고/ 위장병에 걸려 1년 간 휴학할 때 암포젤 엠을 먹으며 읽은 삼중당문고/ 개미가 사과껍질에 들러붙듯 천천히 핥아 먹은 삼중당문고/ 간행 목록표에 붉은 연필로 읽은 것과 읽지 않은 것을 표시했던 삼중당문고/ 경제개발 몇 개년 식으로 읽어간 삼중당문고"[4]로 시작하는 시 〈삼중당문고〉에서도 엿볼 수 있듯, 삶의 방향과 방식을 틀 지운 원천 즉 세상으로부터의 도피처이자 세상과의 싸움의 도구였다.

독서열의 사회사, 문고본 교양주의

독서열의 상징으로 삼중당문고가 불려 나오지만, 사실 삼중당문고는 교양열의 한 형태에 가깝다. 독서열과 교양열이 서로 다른 층위에 놓여 있다기보다는 독서열이 개인의 취향 여부를 넘어선 사회적 맥락 속에서 다루어질 필요가 있고, 그것이 교양 문화에 대한 사회적 요청과 연관되어 있음을 이해할 필요가 있는 것이다. 역사성과 공간성이 비교적 흐릿해진 이야기나 사상이 맥락과 상관없이 동일한 비중으로 다루어지는 것이 전집류의 특성이라면 그 성격이 극대화된 형태가 바로 문고본이다. 삼중당문고 100권이 한꺼번에 발간되던 1975년을 앞뒤로 외판을 위주로 한 출판문화가 박리다매형 문고 판매로 돌아섰다. 이러한 흐름을 주도한 동력은 '양식 있는 문화층'의 형성에 대한 사회의 열망이었다.

이후 삼중당문고는 한 달에 10권씩 새롭게 발간할 것을 계획하기도 했는데, 이런 기획이 가능했던 것은 문고본 발간에서는 신간이라는 것의 의미가 크지 않았기 때문이다. 대개 문고본이란 이미 출간된 도서를 문고본으로 출간하는 것을 목표로 삼기 때문에 별다른 출판기획 없이도 추가적 발간이 가능했던 것이다. 삼중당문고 역시 절판된 한국문학 단편집을 복간했고 세계문학의 경우에도 축약본이 아니었으며 장편소설의 경우에도 2권 혹은 3권으로 분권하면서 전제한다는 참신함이 있었지만, 그럼에도 다른 문고본의 경우와 마찬가지로 신작은 없었다.

삼중당문고 발간에 부친 취지문—"독서 인구의 저변 확대는 출판인에 부과된 오늘의 긴요한 사명일 뿐만 아니라 양서를 선택하여 염가로 보급함으로써 근대 문화의 전통을 확립하고, 풍부하고도 양식적인 문화층을 널리 형성하는 것은 우리들의 크나큰 임무라 할 수 있다. 이에 본사에서는 다년간 숙제로서 미루어오던 과업을 권위자의 자문을 얻어 실천에 옮김으로 우리들의 사명을 다하려 했다. 수록될 내용은 동서고금을 막론하고, 문학, 과학, 전기, 수필, 사상 전반에 걸쳐, 이미 그 가치가 확정된 것만을 간추려 보려 한다. 적어도 오늘을 생활하는 자는 누구에게나 일생의 교양이 되고, 우리 문화의 질서와 재건에 이바지할 수 있는 〈삼중당문고〉가 되기를 다짐해본다"—만 보더라도 문고본이 책의 여러 기능 가운데 폭넓은 교양 습득을 목표로 하는 것이었음을 미루어 짐작할 수 있다.

대중적 독서열을 불러일으킨 문고본 붐의 사회적 소임이 이미 가치가 확립된 문화를 폭넓게 사회에 유포하는 일에서 완수되고 있었다. 사회과학을 비롯한 다양한 분야의 번역서가 쏟아져 나오기 시작한 1980년대에 접어들면서 문고본 붐은 잦아들었고 이후로는 다시 회복되지 못했다. 현

삼중당문고

장정일이 탐독했던 삼중당문고 광고.

실과의 교호관계 속에서 책 읽기를 지속하고자 하는 다른 줄기의 독서 열망이 뚜렷해졌기 때문이다. 삼중당문고로 요약되는 독서열을 장정일 개인의 것으로만 환원할 수는 없다는 말이다. 독서든 배움이든 그 의미 또한 사회의 요청에 응답하며 시대와 함께 변화해온 것이다.

활자에서 삶의 현장으로, 배운다는 것의 의미

우리는 지금껏 독서를 무조건 좋은 것으로 교육받아왔지만, 현재 '넓고 얕은' 교양을 위한 독서나 '읽은 척 매뉴얼'이 독서문화의 새로운 주류가 되고 있다. 이는 어쩌면 멀티태스킹 시대가 요구하는 배움의 의미 변화를 의미심장하게 보여주는 것인지 모른다. 우리는 현재 하루 24시간, 한 주, 한 달, 일 년을 단위 개념으로 하는 물리적 시간을 살아내지만, 이것과 저것을 동시에 보거나 들으면서 중첩된 시간을 산다. 실제로는 더 빨리 더 많이 살고 있으며, 더 빠르고 더 많은 배움이 요청되는 시간을 살고 있다. 배워서 얻을 수 있는 능력을 정보의 차원으로 환원해서 수용하지 않고는 배움의 무게를 감내하기 어려운 시대를 살고 있는 것이다. 독서에 대한 인식 변화를 묻지마 식 독서의 유용성에 대한 성찰의 일환으로 이해할 필요가 있는 것이다. 그럼에도 환기해두어야 할 것은, 독서일기를 축적하면서 장정일도 지적했듯, 독서는 배움의 길이지 배움 자체는 아니라는 사실이다.

  장정일이 명실상부한 독학자인 것은 그가 지칠 줄 모르는 탐독가여서가 아니다. 독서가 배움을 둘러싼 '왜 무엇'의 답안을 곧바로 마련해주지는 않는다. 그는 활자에서 삶의 현장으로, 나아가 읽기의 대상과 배움의 영역을 삶의 한 복판에 선 사람들로 재설정해갔다. 그 과정에서 좁은 내면에 갇혀 있던 인식이 거듭된 성찰을 통해 끝내 이 땅의 현실에 가닿게 하는 것, 그것이 독서이며 공부이고 배움임을 보여주었다. 그를 독학자라 부를 수 있다면 그가 제도교육이 잠식한 배움의 영역에서 스스로 질문을 만들어가면서 배움의 의의를 건져 올렸기 때문이다. 그 길이 비록 순탄한 확장일로도, 아름다운 성장의 기록만도 아니지만 그럼에도 우리는 독학자로서의 장정일을 깊이 신뢰한다. 독학자란 새로운 질문을 품고 좌충우돌의 투쟁에 나설 용기를 가진 자임을 '공부'라고도 부를 수 있는 독서를 통해 그가 줄곧 보여주었기 때문이다.

 소영현(문학평론가·연세대 젠더연구소 연구원)

'말'의
형식을 깨고
의미를
발명하다

한 사람이 머물다 사라진 자리에는 무엇이 남겨질까? 아마도 그것은 기억, 그리고 기억하는 자들의 '말[言]'일 것이다. "세기의 만담가", "동방의 웃음보", "만담의 천재"로 불렸던 식민지 시기 최고의 만담가이자 연극배우, 시인, 극작가였던 신불출은 '말'로써 살았고, '말'로서 남겨진 독학자이다.

당대 최고의 인기인이었던 신불출의 삶의 궤적을 둘러싼 '말'은 매우 분분하다. 그의 출생부터 본명, 학력, 사망에 이르기까지 여러 설들만 난무하고 있다. 신불출의 본명은 신상학, 신영일, 신흥식 중 하나이며 1905년 혹은 1907년에 서울 또는 개성에서 태어난 것으로 추정된다. 개성 송도고보에 다니다가 중퇴했다는 말도 있고, 서울에서 야간 중학교를 졸업했다는 증언도 있으며, 일본 와세다대학 문과에 다녔다는 설도 있다.

1947년 월북 이후에는 1962년경 한설야 등과 함께 숙청되었다고도 하고, 1967년 북한의 정책 변화 이후에 숙청되었다고도 하며, 1967년 뇌출혈로 인한 안면 마비가 온 뒤 연구에 매진하다 1969년 사망했다는 기록도 있다.[1] 한 탈북자는 신불출이 1975년경 북한의 정치범 수용소인 요덕수용소에서 영양실조로 사망했다고 증언하기도 했지만, 여전히 그의 말로는 정확히 확인되지 않고 있다.[2]

　신불출에 대한 회고와 증언, 기록들은 이토록 엇갈린다. 심지어 그의 동료, 제자, 지인들이 기억하는 신불출의 본명조차 각기 다르다는 사실은, 우리가 이제는 곁에 없는 어떤 사람을 기억하는 하나의 방식을 말해주는 것일지도 모른다. 그는 월북 인사였고, 북한에서도 숙청된 이후 2000년대에 들어서야 복권되었을 것으로 추정된다. 때문에 한 시대를 풍미했던 만담가 신불출의 생애는 확정되지 못한 역사로 남게 되었다. 신불출과 함께 식민지 조선 대중에게 뜨거운 사랑을 받았던 '만담'이라는 장르 역시 이제는 과거의 어떤 것으로만 남겨져 있다. 신불출은 지금은 거의 쇠멸한 양식인 '만담'을 창안하고 전파했던 독학자였다.

형식의 틀을 깨고
의미를 발명했던 독학

식민지 조선에서 '만담'은 이전까지는 없던 새로운 장르였다. '만담漫談'이라는 용어는 있었지만 주로 흥미 있는 이야기나 기사라는 뜻으로 사용되었다. 현재처럼 풍자와 해학이 있는 우스운 대사 공연이라는 용례로 사용되기 시작한 것은 신불출의 만담이 인기를 얻으면서부터다.[3]

재치 있고 우스꽝스러운 대사가 담긴 2인 만담 〈대머리〉는 1933년 유성기 음반으로 발매된 지 보름 만에 2만 장이 팔려나갈 만큼 엄청난 인기를 누렸다. 신파극과 무성영화 등 새로운 양식의 서사물과 미디어가 도입되고 관심을 끌던 시기의 일이었다. 신불출의 만담이 얼마나 인기가 있었는지, 종로거리 축음기상회에서 흘러나오는 만담을 들은 한 노인이 만담 소리를 따라 웃자 옆에서 같이 듣고 서 있던 사람들도 다 함께 박장대소하는 에피소드가 신문에 소개될 정도였다.[4]

소녀: 영감님 대가리는 문어 대가리. 어부 있는 해수욕장 못 간다누나.

영감: 어디 또 그뿐이야 말이지. 모자를 벗고 행여 운동장에는 못 가. 만일 후도뽈(축구공)로 잘못 알고(큰 소리로 웃는다. 그와 함께 소녀의 노래)

유성기판 〈대머리〉
1933년 오케레코드에서 유성기판으로 발매된 〈대머리〉는
보름 만에 2만 장이 팔려나갈 만큼 엄청난 인기를 누렸다.

소녀: 영감님 대가리는 후도뿔(축구공) 대가리. 모자 벗고 운동장엔 못 간 다누나.

영감: 하하. 또 어린애 옆에서는 자질 못한다. 만일 행여 애가 깨 요강인 줄 알고(큰 소리로 웃는다. 이어서 소녀의 노래)

소녀: 영감님 대가리는 요강 대가리. 오줌 벼락 맞을까봐 걱정이래요.

　　　　 – 신불출·윤백단, 〈대머리(공산명월)〉, 오케레코드, 1933.[5]

〈대머리〉라는 유성기 만담 음반의 대성공으로 신불출은 일약 스타덤에 올랐다. 신문사 주최로 그의 이름을 내건 만담대회가 열렸고, 만담집이 출간되었다. 당대 최고의 배우들이 신불출과 함께 만담 공연과 레코드 녹음을 했다. 그도 그럴 것이 당시 만담을 공연하고 레코드로 취입한 사람들은 모두 극단의 배우들이었기 때문이다. 유성기 음반이라는 신문물

신불출(오른쪽)과 신은봉
신불출은 당대 최고의 인기를 누리던 여배우들과 만담을 했다.
신은봉은 신불출과 가장 많이 만담 작업을 했던 여배우 중 하나였다.

과 만담이라는 새로운 공연 형태의 결합이 가져온 성공은 식민지 시기 조선의 연극인들에게 큰 사건이었다.

식민지 시기 조선의 공연계는 자본난과 극장 부족, 검열 등 여러 현실적인 난관에 봉착해 있었다. 영세한 극단과 배우들이 살아남기 위한 자구책을 찾기란 어려운 일이었다. 신불출 역시 연극계에 몸담고 있던 터라 조선 극계의 어려운 사정을 직접 보고 겪고 있었다. 당시 극단의 연극배우들은 가수였고 영화배우였으며 동시에 연출가이기도 했다. 오늘날처럼 각 분야가 뚜렷하게 나뉘어져 전문화되어 있었던 게 아니라 극 공연의 전반을 두루 담당하는 인력들이 대부분이었던 것이다. 이러한 현상은 공연예술계 자본과 인력의 열악함 때문이기도 했다. 돈도 전문화된 인력도 없었기 때문에 자연스럽게 한 사람이 여러 역할을 담당했던 것이다. 신불출 역시 1920년대 후반부터 극단에서 극본을 쓰고 연기를 했던 극작가이자 배우였고 연출가였다.

신불출이 조선 만담계의 대표적인 인물이 된 것은 운이 좋아 얻어걸린 성공은 아니었다. 그것은 그가 조선 연극이 나아갈 길에 대해 적극적으로 모색하고 새로운 공연의 형식들을 창출해나가려 했던 노력이 당대의 테크놀로지와 성공적으로 결합된 결과였다. 연극배우 고설봉은 신불출이 언제나 독학으로 다방면의 책을 읽었고, 모르는 내용이 있으면 그때그때 물어서 꼭 짚고 넘어가는 노력파였으며, 연습벌레였다고 회고한다.[6] 2인 만담이 아닌 독만담이 가능할 정도의 입담과 재치, 상식을 가진 실력자가 되기까지 끈질긴 독학의 시간이 존재했던 것이다. 하지만 그의 독학이 의미 있는 것은 피나는 노력으로 조선 만담계의 1인자가 되었다는 교훈 때문만은 아니다. 그는 자신이 구사하는 만담이 어떤 의미를 지닌 것인지에 대해 끊임없이 묻고 답하는 사람이었고, 그 독학의 과정은 자신이 발 딛고 선 조선 공연계가 처한 난관을 타개하기 위한 방편이 될 수 있었다.

신불출은 '조선극계에 새로우면서도 돈 안 들고 손쉽게 만들 수 있는 무대 형식을 마련하기 위해 서양과 중국, 동경의 극 형식을 책으로도 보고 견학도 하여 자신이 창안한 양식'이 '만담'이었다고 말한다.[7] 일본에 불과 5년의 짧은 역사를 가진 '만자이漫才'라는 것이 있는데, 자신은 그것을 그대로 모방한 게 아니라 "혜택 받지 못한 문화의 유산" 속에서 "자기 문화의 창조적 임무"를 가지고 조선의 사정에 맞게 창안했다는 것이다. 신불출은 스스로를 "조선에다가 '만담'을 처음 수입시켜놓은 사람"이라고 말하면서, 자신이 들여온 '만담'이 '외국 문물의 무비판적 모방으로 민중에게 소화불량을 가져오는 것'이 아니라 '조선의 사정'에 맞게 고안된 새로운 형식과 의미를 가진 것임을 분명히 했다. 여기에는 "엄청나게도 불리한 객관적 정세 아래 각각으로 위미불진하는 조선 극계"에 대한 비판적 전망과 타개의 의지가 담겨 있었다. 자본도 부족하고 늘 검열에 시달리는 식민지 조선 극계의 상황에서, 주어진 형식 속에서의 답습이 아닌 새로운 창안과 모색이 가진 가능성을 믿고 실행했던 것이다. 그것은 단순히 형식이 아닌 의미를 발명하는 일이기도 했다.

신불출은 잡지 《삼천리》에 기고한 〈웅변과 만담〉[8]이라는 글에서 '만담'에 대한 자신의 지론을 상세히 밝힌다. 그는 만담을 강연이나 연설, 재담이나 장난과 구별하며 "해후성humour의 종횡무진함과 풍랄성irony의 자유분방함을 특징으로 하는, 현대인의 가슴을 찌를 만한 칼 같은 박력이 있는 어떤 진실을 필요로 하는 불같고 칼 같은 말의 예술"이라고 정의한다. 신불출은 '웅변'에 빗대어 만담을 설명하는데, 그가 '만담'이라는 형식을 통해 욕망했던 것은 "캄캄한 세상 벌판에다가 새벽종을 울려줄 수 있는" 말의 '예술'이었다. 신불출의 글이 발표된 이후 '만담'이라는 말은 점차 '지어낸 우스갯소리'라는 뜻으로 굳어지게 되었다. 그가 펼쳤던 만담론이 만담의 흥행과 더불어 대중들에게도 확고한 의미로 정착될 수 있었던 것이다. 이처럼 적어도 신불출은 스스로의 작업에 대해 어떤 의미와 동기를 찾으려 했던 사람이었고, 그 물음의 가치를 소중히 여겼던 독학자였다.

조선 평단의
"유식한 무식쟁이"들에게 일침

연극의 작가이자 배우, 연출자로서 신불출은 조선의 평단에도 가감 없이 일침을 가했다. 조선 연극계의 실정을 무시한 채로 저급한 레코드와 연극이라며 혹평과 냉대로만 대하는 조선의 식자들을 "유식한 무식쟁이"[9]라고 이르며 그들의 비판이 기술을 욕하는 것인지 작품 내용을 욕하는 것인지 분명히 해야 할 것이라며 경고한 것이다.

  신불출은 이른바 흥행 극단의 신파극과 만담 공연에 대한 조선 연극평론가들의 평가절하에 대해서도 정면으로 반박했다. '조선 식자들'의 손에서 만들어진 연극의 취입 재료나 각본이 있다면 극단의 배우들 역시 그들의 요구에 걸맞은 공연을 올릴 것이라며, 제대로 된 연극 각본 하나를 써내는 식자 한 명이 없는 환경에서 반성 없이 욕만 하는 실정을 비판한 것이다. 신불출은 조선의 문사나 작가들이 조선의 실정에 무관심하며, 무엇보다 연극계의 실정에 대한 인식 부족과 자가당착에 빠져 있다는 점을 신랄하게 지적한다. 나름의 권위와 세력을 형성했던 연극평론가들의 관점에 대한 문제의식이 담긴 비판은 〈'극예술협회'에 보내는 공개장〉[10]에서도 이어진다.

흥행 극단의 연극을 연극으로 취급하지도 않는 극예술협회를 향해 신불출은 무엇보다 "좋은 연극을 못 가진 조선 관중의 마음"을 중심에 두어야 한다고 주장했다. "연극에는 예술적 일면도 있지만 사상적 일면도 떠날 수 없는 것이요, 흥행적 일면도 버릴 수 없는 것"이라며 "진정한 연극적 활동은 먼저 대중적 기초 위에다 뿌리를 박아야 된다"는 자신의 연극관을 과감하게 밝혔던 것이다. 이러한 주장은 단순히 흥행 극단의 공연을 연극으로 인정해 달라는 요구라기보다는, 진정 조선 연극의 발전을 위한다면 조선 연극에 "조선 민중에 대한 이해"를 담아야 한다는 호소였다. 신불출은 외국의 연극을 그대로 들여와 공연하는 극예술연구회(극연) 번역극의 한계를 지적하며 조선 예술계가 '조선적인 것'과 '조선 민중', '조선 말'에 대해 절실히 고민해야 한다고 역설했다.[11] "극연은 다시 연극 이전의 지점으로 돌아가 달라", "조선적인 극작법과 조선적인 연출법과 조선적인 장치법 등등을 창안하라"는 호소는 결국 그 자신의 고민이기도 했던 것이었다.

신불출은 기성의 체제와 평가에 스스로를 기입하지 않았다. 오히려 고착된 틀을 깨야 한다고 외치며 더 나은 가능성들을 만들기 위해 분투했다. 그가 당대의 평론가들을 향해 "문학서적 수 권만 읽으면 벌써 조로병에 걸려서 일약 평론가연하는 자들"[12]이라고 일축했던 이유는, 그들이 자신들의 비평 영역과 구분 지으려 하던 흥행 극단의 위상을 조선 연극계의 발전과 더불어 재고해야 한다고 호소하기 위해서였다. 흥행 극단은 예술의 한 분과로 인정받지 못하고 평단으로부터 폄훼와 배제의 대상이 되었지만, 당대의 대중들에게는 엄청난 호응을 얻었다. 한편으로는 연극으로서 부족한 점이 없지는 않았지만, 신불출은 "흥행 극단은 조선의 일면상을 빚어놓은 거울"이고 "이 모든 불행은 조선의 불행이요, 어느 누구에게도 전가시킬 수 없는 우리들의 공동책임"이라며 조선 연극계의 실정을 바닥부터 다시 들여다볼 것을 요구했다.

흥행 극단을 향한 조선 민중의 열광과 극계의 평가절하라는 괴리 속에서 신불출은 '만담'을 포함한 흥행극이 지닌 의미에 천착하고 그것을 열악한 조선 극계의 현실 위에서 말하려 했다. 당대 최고의 만담가였던 신불출의 활동 이면에는 조선사회와 연극 공연계의 현실적인 제약과 한계를 타파하려 했던 의지와 고민들이 들끓고 있었던 것이다. 식민지 조선사회에서 주어진 형식과 토대에 안착하거나 순응하지 않고 그 형식을 새로이 만들어내는 과정 속에서 신불출의 독학은 존재할 수 있었다.

'말'의 최전선에서 ……
영광의 정점에서 숙청까지

신불출은 극장을 소유한 자본가도 아니었고, 권력이나 명망을 지닌 평론가도 아니었다. 가난한 집안에서 태어나 이렇다 할 교육을 받은 것도 아닌 그에게 '말'은 유일한 자본이었을 것이다. 최초의 신민요인 〈노들강변〉의 작사자가 신불출이라는 것은 그리 놀라운 일이 아니다. 그는 여러 편의 시를 썼으며, 연극과 만담의 대본을 썼고, 극계와 문단과 평단에 대한 평문도 여러 편 남겼다. 신불출이 유성기 음반의 도입이라는 신문물의 혜택에 힘입어 당대 최고의 인기인이 될 수 있었던 것은 큰 행운임에 분명하다. 그러나 그보다 더 큰 행운은 '말'의 힘을 믿을 수 있던 시대에 그가 살았다는 점일 것이다.

어느 시기에나 구린 구석이 많은 정권과 권력은 '말'들이 모이고 퍼지는 것을 가장 두려워한다. 일제시대에도 신문과 잡지에 대한 검열은 물론이고 사람들이 많이 모이는 장소인 공연장에는 임석경관이 앉아서 감시를 했다. '말'의 힘에 대한 공포를 가진 권력에 마주하여 '말'을 다루어야했던 자들은 '말'의 권능을 믿고 실현하는 이들이었다. 대중을 상대로 공연을 펼치는 신불출은 늘 그 최전선에 있을 수밖에 없는 존재였다.

신불출이 연극 〈동방이 밝아온다〉(1931)에서 "새벽을 맞아 우리 모두 잠에서 깨어납시다"라는 대사에 "여러분, 삼천리강산에 우리들이 연극할 무대는 전부 일본사람 것이고, 조선인 극장은 한두 곳밖에 없습니다. 우리는 이대로 있으면 안 됩니다. 우리 동포들은 두 주먹을 불끈 쥐고 일어나야 합니다!"라고 대본에도 없는 말을 덧붙여 임검순사가 즉석에서 호각을 불며 공연을 중단시켰다는 일화는 유명하다. 즉각 종로경찰서로 연

1930년대 초반의 신불출
유성기판 만담의 성공으로 일약 스타덤에 오른
1930년대 초반 신불출의 모습.

장년기의 신불출
월북 이후 북한에서 출간된 책자에 실린
장년기 신불출의 모습.

행된 신불출은 서울 시내에서 다시는 연극을 하지 않겠다고 약속한 뒤에야 풀려날 수 있었다.

그러나 신불출의 '말'은 계속해서 그 자신의 안위를 위협하게 된다. 해방 직후인 1946년에는 공연 중에 태극기의 문양에 빗대 찬탁을 지지하는 정치적 견해를 밝혀 우익 청년들에게 몰매를 맞았고, 미군정 포로령 위반으로 벌금형을 선고받기도 한다.[13] 월북 후에도 역시 정치적인 발언과 만담을 아슬아슬하게 반복하다가 숙청 대상이 되었다. 월북 후 1961년 신불출 만담연구소의 소장으로 취임하고, 공훈배우로 칭송받는 영예를 누렸던 것까지를 염두에 둔다면, 그에게 '말'의 힘이란 모든 영광과 고통을 함께 수반하는 것이었다.

신불출은 "만담에는 웅변이 없을 수 없"으며, "말로써 세상을 좌우할 수 있는 웅변의 힘"이 절실하게 필요하다고 강조했다.[14] 그는 '말'의 힘을 믿었고, 그 믿음은 시대의 믿음이기도 했다. 지금은 만담이라는 양식도 퇴조했고, 그 역시 세상에 없다. 공연으로서 명맥이 끊긴 만담이라는 한 양식을 창안하고 흥행시켰던 신불출은 만담처럼 한 시대의 상징이 되어 버린 것일지도 모른다. 그러나 어떤 독학은 그렇게 세상을 뒤틀어놓는다. 어쩌면 그 자신의 삶마저도. 그가 조선의 대중들에게 그토록 사랑받을 수 있었던 이유는 사람들이 스스로 열지 못했던, 그러나 분명 존재하는 새로운 세계에 대한 믿음의 틈새를 비틀어 열어 보였기 때문일지도 모른다. 우리는 그가 삶으로서 보여주었던 '말'이라는 독학의 한 양식을 기억할 것이다.

임세화(인문학협동조합·동국대 국어국문학과 박사 수료)

시대의
마운드에서
퇴장당하다

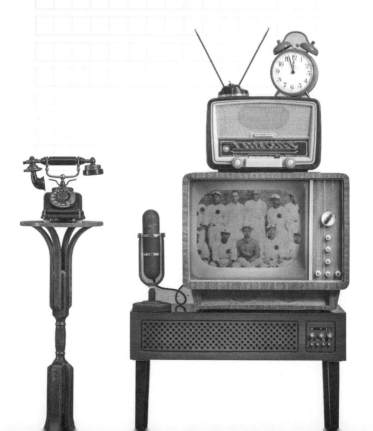

제국의 심장으로 모여든 조선의 젊은이들

1910년대 중반, 일본 도쿄에는 조선의 젊은 지식인들이 많이 모였다. 조선에서 쉽게 접할 수 없는 근대 학문을 배우기 위해서였다. 그 수는 대략 500여 명 내외로 추산되는데, 친일과 반일을 나누는 것이 무의미할 만큼 거의 모두가 조선을 근대화된 문명국가로 만들겠다는 민족주의적 열망에 사로잡혀 있었다. 법학과 경제학, 정치학 등을 전공하는 학생들이 많았다. 당시 유학생의 회고에 따르면 일본인 교수가 "조선 학생들 공부하는 것을 본받으라"고 일본 학생들을 꾸짖었을 정도로 그들은 학업에 열심이었다. 이들 모두가 '근대를 배우기 위해 진격하는 독학자'였다.

박석윤은 그러한 1910년대 조선 유학생 중 한 명이었다. 연구자에게도 일반인에게도 잘 알려진 인물은 아니지만 그는 누구보다 치열하게 근대를 살아냈다. 무엇보다도 근대를 쟁취하기 위한 강한 욕망을 가지고 있었다. 박석윤은 1911년에 일찌감치 유학길에 올라 도쿄 관립제일중학교에 입학했다. 1916년에는 교토의 제3고등학교에 입학했고, 졸업 후 1919년에는 도쿄제국대학 법학부 법률학과에 진학해 영국법을 전공했다. 당시 유학생으로서는 흔한 이력이다. 조금 독특한 이력을 추가해보자면 《학지광》이라는 학술잡지의 편집부장을 맡았고, 순문예잡지 《창조》의 동인으로 활동하며 소설을 발표하기도 했다. 그런데 그가 받아들인 근대의 표상은 자신의 전공이나 이러한 활동과는 무관한 데 있었다. 바로 '야구'였다.

일제시대 야구
야구는 문명과 근대의 스포츠로 소개되며 청년들을 유혹했다.
야구를 하는 청년들이 육체 위에 덧입은 "멋진 유니폼과 스파이크가 박힌 야구화"는
그들 스스로를 눈부시게 만들기에 충분했다.
* 출처: 《기독청년》 1918년 10월.

도쿄 유학생야구단의
모국 원정기

박석윤이 언제부터 야구를 배웠는지는 잘 알려져 있지 않지만 유학 시절 내내 야구를 손에서 놓지 않았음은 분명하다. 유학 초기부터 소년야구단을 꾸렸다는 기록이 남아 있고, 제3고등학교 시절에는 야구부원으로 활약했다.[1] 그는 좋은 '좌완 투수'였고 몸쪽 빠른 커브를 잘 던진[2] 도쿄 유학생야구단의 주축 선수였다.

당시 유학생들은 자연스럽게 근대 스포츠를 접했고, 그것을 즐겼다. 1915년 기록에 따르면 유학생들이 즐긴 근대 스포츠 종목과 참여 학생 수는 "베쓰뽈 50인, 풋뽈 18인, 섇-트 50인, 유술격검 12인, 승마 50인" 등으로 다양했다. 이 중 야구를 즐긴 50인이 도쿄 유학생야구단의 멤버들이었을 것이다. 이들이 조선 야구의 발전에 기여한 바는 막대하다. 유학생야구단은 1909년을 시작으로 1937년까지 10여 차례에 걸쳐 조선 원정길에 올라 조선의 학생야구팀, 일본 클럽 팀과 일전을 벌였다. 이들 경기를 통해 그들이 일본에서 익힌 여러 야구 기술과 경기 규칙이 조선에도 전파되었다. 1913년 황성 YMCA야구단이 사실상 해체된 후에는 이들의 모국 방문이 야구계의 가장 큰 이벤트였다. 조선체육회에서도 이들의 방문을 환영하면서 "수비·공격의 기발한 기능은 조선야구계에서 처음 보는 것"[3]이라 평했다.

박석윤은 원정 경기를 마치고 오면 경기 내용을 상세히 기록해 잡지에 연재하곤 했다. 그가 참가했던 1918년과 1920년 여름의 모국 원정 경기는 도쿄조선기독교청년회의 기관지 《기독청년》과 《현대》에 각각 정밀하

박석윤
COREAN이라는 마크를 가슴에 박은 그는 '웅자'라고 표현될 만한 자격이 충분히 있었다.
위의 사진은 1920년 여름 모국방문경기 도중 찍은 것이다.
* 출처: 《동아일보》 1920년 8월 2일.

게 묘사되었다.[4]

그에 따르면 유학생야구단은 언제나 '전승'을 목표로 했다. 조선의 학생야구팀에게 승리하는 일은 당연한 것이었고, 특히 일본 클럽 팀과 경기를 할 때는 '전쟁'이라고 표현할 만큼 사활을 걸고 경기에 임했다. 철도구락부에 9대 15로 패하고 나서는 "치욕을 아는 남자로서 반드시 원수를 갚을 것을 맹세한다"고 쓰기도 했다. 일본 팀에 이겨야 한다는 마음가짐은 그때나 지금이나 같았다.

유학생야구단과 조선 학생야구팀 간에는 묘한 신경전이 벌어지기도 했다. 유학생야구단은 한 수 아래의 팀을 상대한다는 태도를 늘 드러냈다. 경기의 목적이 '계몽'에 있는 것처럼 보일 만큼 서로 간의 위계를 나누었다. 특히 박석윤은 적은 점수 차로 이기면 "창피하게 되었다"고 표현하기도 했다. 동시에 조선 학생팀이 가진 부족함을 강하게 질타했다. 예컨대 응원을 열심히 하지 않는다는 것, 페어플레이 정신이 부족하다는 것, 규칙을 제대로 모르고 야구한다는 것 등이었다.

조선에서는 희랍시대 규칙을 아직껏 수용하는지 이따금 딴 소리를 통통하오. 규칙을 알지 못하고 뽈하는 것은 우스운 일이올시다. 한 예를 들어 말하건대 일전에 중앙학교 대 배재학당전이 배재학당 운동장에서 잇었는데, 제9회에 이르러서 배재 편에서 말도 없이 타격순을 바꾼 까닭에 중앙 편에서 심판에게 항의를 제출했습니다. 이것에 대해서 배재 편의 설명이 "경기개시 전에 양편의 규정이 없는 경우에는 제9회에 타격순을 바꾸어도 관계없다" 이것이었습니다. 또 하는 말이 철도구락부하고 할 때도 그렇게 했다 – 아– 철도구락부를 최고권위로 인증하는 담비慘悲한 일이여

– 이것으로써 기어이 자기네의 주장을 관철하려고 했습니다. 거기에 대한 심판관의 답변이 그러한 규칙은 결코 없다, 상대편이 그것을 허락하면 이어니와 이와 같이 항의한 이상에 심판관은 규칙에 없는 일을 허락할 수는 없다, 이와 같이 했습니다. 이러한 규칙의 오용이 왕왕 있는 모양이니 많이 규칙을 연구할 필요가 있는 줄 압니다.[5]

야구, 쟁취해야 할 근대의 표상

1910년대 중반 청년 세대에게 큰 인기를 끌었던 잡지 《청춘》의 창간호에는 '야구'를 주제로 한 기사가 한 편 실렸다. 기사에서는 야구를 다음과 같이 평했다. "규칙이 엄격, 명백하고 절차가 정돈되고 가지런하여 가히 문명적 경기라 할 만하다."[6] 야구가 가진 복잡한 규칙들에서 '문명'을 떠올린 것이다. 야구는 근대라는 규율 권력의 시대를 표상하기에 알맞은 스포츠였다. 야구 규칙을 이해하고 선수가 되어 그라운드에 선다는 것 혹은 아는 체하며 관람객이 된다는 것이 모두 근대인이 되는 길로 받아들여졌다. '야구=근대의 스포츠'라는 인식이 특히 청년 세대를 중심으로 널리 퍼졌다.

박석윤 역시 야구가 가진 '복잡한 규칙'에 매료되어 있었다. 그는 여러 차례 규칙을 연구하고 그에 복종하는 것을 선수의 미덕으로 제시했다. 위에 인용했듯이 그가 조선 원정을 다녀온 후 "조선의 학생팀은 희랍 시대의 규칙을 아직 채용하고 있는지 그에 대한 연구가 없다. 선수 제군의 sportsman으로서의 행동에 다대한 반성을 구한다"라며 영어 원문으로 된

야구 규칙을 첨부한 것이 대표적인 예다.

도쿄와 경성의 조선 청년들이 야구장에서 만나는 일은 근대를 쟁취하기 위한 경합이었다. 유학생들은 자신들이 조선의 근대를 선도하고 있다고 믿었고, 경성의 조선 청년들은 자신들이 그에 뒤지지 않는 근대인임을 증명하고 싶어 했다. 모든 시합이 그렇지만, 특히나 더 져서는 안 되는 시합이었던 것이다. 도쿄와 경성의 청년이 만나 '야구'를 매개로 벌이는 각축의 장은 단순히 승자와 패자를 가리는 데 의미가 있는 것이 아니었다. 야구 경기에서 누가 승리하는가는 곧 누가 더 근대인인가 하는 문제였고, 승자는 패자보다 근대를 주도할 헤게모니를 쥐고 있음을 암암리에 인정받는 것이기도 했다. 1910년대의 학생, 청년 간 야구 시합은 민족적인 코드로 읽히는 동시에 근대를 쟁취하려는 욕망이 드러나는 반反민족적 행위이기도 했던 것이다.

《청춘》 야구 삽화
《청춘》 창간호에 실린 야구와 관련한 삽화.
교복을 갖춰 입고 오른손에는 책을, 왼손에는 야구 배트를 쥔 학생의 모습은
당시 권장되던 '지덕체'를 갖춘 청년 이상향의 한 모습이었을 것이다.

메이저리거를 상대로 마운드에 서고,
고시엔 8강에 진출

1922년 12월 8일, 경성의 만철운동장에서는 미국 메이저리그 올스타 팀과 전조선야구단 팀의 친선경기가 열렸다. 이러한 이벤트를 성사시킨 인물은, 박석윤이었다. 메이저리그 올스타 팀이 일본 몇 개 팀과의 친선경기를 위해 일본에 머물고 있는 동안 박석윤은 그들과 교섭했고, 출전료 1,000원과 체류 경비를 부담하는 조건으로 경기에 합의했다.

경성 시민들의 반응은 뜨거웠다. 뉴스에서는 연일 관련 기사들이 쏟아져 나왔다. 전조선야구단이 조직되었는데 박석윤이 주장 겸 선발투수를 맡았다.

박석윤은 메이저리그 선수들을 상대하기 위해 마운드에 올랐다. 그날 운동장은 경기를 보러 온 경성 시민들로 만원이었다. 경기 결과는 23대 2, 당연하겠지만 큰 점수 차이로 졌다. 박석윤은 그날 완투를 했고, 패전투수로 기록되었다. 23점을 내주는 동안 그는 계속 마운드에 있었다. 하지만 나는 그가 정말로 즐거웠을 것이라고 확신한다. 그것은 그가 원하는 '근대인'이 되었다는 하나의 이정표였기 때문이다. 모국(경성)의 야구장에서 메이저리그 선수를 상대로 공을 던지는 일, 그것이 그를 얼마나 가슴 벅차게 했을지 짐작하기 어렵다. 이광수가 소설 《무정》으로 일약 스타덤에 오르며 자신의 아호를 외로운 배 '고주孤舟'에서 봄의 정원 '춘원春園'으로 바꾸었을 때의 심정과도 다르지 않았을 것이다.

박석윤은 잡지 《동명》에 그때의 감상을 다음과 같이 요약했다. "세계 제 일류와 경기하게 된 장쾌한 시합, 기술보담도 쾌활과 상식에 심절深切

히 느낌."[7] 이 글에는 그때의 감격과 함께, 메이저리그 선수들의 경기장 안팎의 태도를 본받아야겠다는 성찰이 두루 담겨 있다.

이후 박석윤은 잠시 휘문고등보통학교의 야구부 감독을 맡았다. 1923년에 휘문고보는 일본중등학교야구대회(고시엔)에 조선 대표로 출전한다. 예선에 참가한 8팀 중 7팀이 조선의 일본인 중학교였음을 감안하면 출전권을 얻은 것만으로도 대단한 일이었다. 휘문고보는 고시엔 본선 1회전에서 대련상업학교를 9대 4로 이겼고, 이어지는 8강에서 리쓰메이칸 중학을 만나 5대 7로 분패했다. 김정식을 비롯한 주전 선수들의 부상이 심했다고 기록되어 있다.

박석윤은 조선 야구사의 '처음'과 '마지막'의 기록을 많이 쓴 인물이다. 메이저리그 선수를 상대로 마운드에서 공을 던진 첫 번째 선수이고, 조선 선수들을 고시엔 8강으로 이끈 처음이자 마지막 감독이다.

고시엔 휘문고등학교
고시엔에 진출한 휘문고등학교 선수들과 박석윤.

기록되지 못한 근대 야구의 독학자

일본 유학생활을 마치고 경성으로 돌아온 박석윤은 여전히 야구를 했다. 야구계에서는 영향력 있는 인사였고, 김정식을 비롯한 그의 휘문고 제자들은 조선 야구의 주축으로 자라났다. 1946년 창립된 조선야구협회에서는 고문 역할을 맡는 등 야구계의 원로로서 활발히 활동했다. 하지만 그는 더 이상 정갈한 유니폼을 갖춰 입고 마운드로 달려가던 1910년대의 순수한 청년이 아니었다.

2·8독립선언과 3·1운동의 실패 이후, 유학생을 비롯한 많은 조선 청년들은 혼란에 빠졌다. 총독부에 포섭 당하기도 했고, 일제와 협력하는 것이 민족을 위한 길이라 스스로 합리화하기도 했다. 박석윤 역시 잘못된 길을 걸었다. 만주 '민생단사건'(1932년 10월부터 1936년 중반경까지 중국공산당이 내부의 민생단 조직원들을 제거한다는 명목으로 자행한 조선인 집단 살해 사건)의 주역이었고 일제의 외교관으로 일하며 독립투사들을 탄압하는 데 앞장섰다. 한국 야구사에서 그의 이름을 찾을 수 없게 된 것은 이 때문이다. 그는 광복 이후 북한으로 피신했다가 '민족반역자'로 규정되어 사형을 언도받는다. 법정에서 자신은 조선 자치를 이념으로 삼았으며 일본인에게 조종된 인형에 지나지 않았다고 항변했지만 받아들여지지 않았다.

이 글은 박석윤을 미화하기 위한 것이 아니다. 그는 결국 자신이 믿었던 근대의 표상에서 아무것도 배우지 못했다. 'COREAN'이라는 자수가 수놓아진 유학생야구단의 유니폼을 입고 그라운드에 서면서도, 정작 그 안에서 '민족'을 읽어내는 데 실패한 셈이다. 누구보다도 민족을 부르짖기는 했으나, 그것은 일제가 만들어낸 허상일 뿐이었다. 그를 비롯하여 많은 근대의 독학자들이 그러한 함정에 쉽게 빠져들었다. 도쿄 유학 시절 보여준 순수함을 끝까지 지켜낸 인물들은 많지 않다. 그들은 스스로를 근대인이라 여겼지만, 단 한 번도 제대로 된 근대인으로 존재하지 못했다.

　박석윤과 1910년대의 유학생들뿐 아니라, 어느 시대를 막론하고 순수함으로 가득 차 독학에 매진하던 '시대의 개인'들은 언제나 존재했다. 그 순수함이 권력이나 폭력에 의해 변질되지 않도록 소중히 간직해나가야 한다. 박석윤은 스스로 시대의 마운드에서 내려왔지만, 우리는 아직 그 위에 있기 때문이다.

 김민섭(인문학협동조합)

홀로 배운
침술로 일군
공동체의
꿈

신
동
문

단양역에서 내려다본 남한강은 간밤에 내린 눈이 하얗게 쌓인 산비탈을 품에 낀 채 유유히 흘러가고 있었다. 강은 가뭄이 유난했던 2016년 겨울이 무색하게 풍요로운 수량을 자랑하고 있었다. 그 아름다운 정취에 한참을 넋을 잃고 바라보다가 나를 이곳으로 안내해준 선생님의 못마땅한 목소리에 퍼뜩 정신이 들었다. "강에 물 많다고 좋아하지 마쇼. 신동문 선생의 꿈이 저 강물에 잠겨버렸단 말요." 그는 손을 들어 강 건너 산비탈을 가리켰다. 스키장 슬로프처럼 생긴 꽤 거대한 규모의 경작지가 눈에 들어왔다. "저기가 신동문 선생이 수양개 마을 사람들과 함께 누에도 치고 나무도 심었던 곳이오." 하지만 신동문이 자신의 말년을 의탁했던 수양개 마을은 풍성한 강물 아래 묻혀 잊힌 지 오래였다. 신동문의 삶이 우리의 기억 속에 묻혀 잊힌 것처럼.

신동문은 누구인가. 그는 무엇보다도 4·19혁명을 노래한 시인이자 뛰어난 출판편집자였다. 그는 1956년 《조선일보》 신춘문예에 시 〈풍선기風船期〉가 당선되어 등단한 후, 1960년대에 활발한 시작 활동을 펼쳤다. 신동문과 함께 신구문화사에서 근무하기도 했던 문학평론가 염무웅은 그를 일러 "1960년대에 혜성과도 같이 빛나는 시인이었다"고 회고한 바 있거니와 4·19혁명 때 거리로 뛰쳐나온 학생들의 모습에서 골리앗에 맞선 다윗의 모습을 본 〈아! 신화神話같이 다비데군群들〉은 아직까지도 4·19혁명의 정신을 대표하는 시로 꼽힌다.

그는 기획출판이라는 개념이 생소했던 당시 여러 문학 전집을 성공적으로 묶어내며 한국 출판계의 수준을 한층 끌어올린 출판편집자이기도 했다. 또한 월간 《새벽》의 편집장으로 있으면서 최인훈의 〈광장〉이 세상의 빛을 보는 데 결정적인 역할을 맡기도 했으며 《경향신문》 특집부장 겸

젊은 시절의 신동문

기획위원으로 재직하면서 독재정권의 부조리를 꾸짖거나 서민들의 고달픈 삶을 생생히 전하기도 했다. 거기에 더해 신동문은 올해 50주년을 맞이한 계간지《창작과 비평》의 제3대 발행인이자 '창작과비평사'의 초대 사장이기도 했다.

이토록 많은 일을 해냈던 신동문의 학력은 그러나 '고졸'에 불과했다. 서울대학교에 입학했으나 등록금을 마련하지 못해 중퇴했고 이어 경희대학교에 편입했으나 건강 문제로 학업을 마치지 못했던 것이다.

그의 발목을 잡은 것은 건강이었다. 어려서부터 폐결핵을 앓았던 그는 병원을 수시로 드나드느라 정규 교육을 거의 받지 못했다. 게다가 남편을 일찍 여읜 신동문의 어머님은 신동문이 '애비 없는 후레자식' 소리를 듣지 않도록 어려서부터 무척 강한 통제를 가했다. 동네 아이들은 물론이고 누이들과도 같이 놀지 못했던 그에게 '유이하게' 허용된 여가생활이 책 읽기와 수영이었다. "내가 질식할 듯한 어린 시절의 구속생활에서 숨구멍을 찾았다면 아마 책을 읽는 일, 그중에서도 소설을 읽는 일이었으리라. 이렇게 소설을 읽는 행위로써 나는 억압된 행동과 감정의 발산을 대신했는지도 모른다." 그의 문학 수업은 이렇게 창백한 병상에 시든 풀처럼 누워 철저히 독학으로 진행되었다.

신동문은 바다가 없는 충청북도 청주에서 태어나 쭉 충청도 내륙 지방에서만 살았음에도 수영 실력이 출중했다. 소화불량을 겪고 있던 그가 물에서 놀고 오면 식욕이 왕성해지는 것을 안 그의 어머니가 묵인해주었기에 가능한 일이었다. 그는 정식으로 수영을 배워본 일이 없었음에도 뛰어난 수영 선수로 지역 사회에 이름을 날렸다. 심지어 1948년 런던 올림픽 대회를 앞두고 수상연맹에서 뽑은 올림픽 출전 후보 선수 10명에 오르기도 했다. 하지만 신동문에게 올림픽 성적은 중요하지 않았다. 일단 국가대표로 뽑혀 런던으로 갈 수만 있다면 그곳에서 도망을 쳐서 옥스퍼드나 케임브리지대학에서 공부해야겠다는 "참으로 어처구니없는 음모를 가슴 가득히 품었던" 것이다. 하지만 그는 이 '음모'를 너무 열심히 '예비'하느라 연습에 연습을 거듭한 결과 늑막염으로 쓰러지고 만다. 독학으로 배운 그의 수영 실력이 잠시나마 꿈꾸게 해주었던 '탈조선'의 희망은 그렇게 물거품이 되어버렸다. 그의 나이 스무 살 때의 일이었다.

4·19를 계기로 서울에 올라와 정착한 신동문은 앞서 언급했던 것처럼 출판편집자이자 언론인으로서의 삶을 본격적으로 시작한다. 하지만 이후 그의 삶은 지식인이라는 자신의 존재 양식을 끊임없이 회의하며 그것과 불화하는 삶이었다. 이는 지식인들의 자유로운 발화에 가혹한 검열과 탄압으로 맞섰던 박정희 정권의 폭력과 그러한 억압에 누구보다 커다란 환멸을 느꼈던 신동문의 예민한 감각이 더해진 결과였다. 1975년 신동문은 '창작과비평사'의 사장직에서 물러나 단양 수양개 마을로 귀촌한다. 1975년 《창작과 비평》 여름호에 실린 리영희의 글 필화사건에 휘말려 중앙정보부에 끌려가 모진 고문을 받은 뒤 절필을 강요받고 그 결과 낙심하여 귀촌했다고 알려져 있지만 신동문의 귀촌은 그렇게 수세적인 내쫓김은 아니었다. 물론 중앙정보부에서 겪은 고초가 그에게 커다란 환멸을 선사한 것은 부인할 수 없지만 그의 귀촌은 그보다 더 오래전부터 준비되고 있었다고 봐야 옳다. 그는 1962년에 이미 단양군 적성면 애곡리 수양개 마을 부근의 임야를 매입해 틈틈이 개간하고 있었다.

그 무렵 그의 심경은 1967년에 발표한 〈내 노동으로〉라는 시에서 엿볼 수 있다.

1   내 노동으로
    오늘을 살자고
    결심을 한 것이 언제인가
    머슴살이하듯이
    바친 청춘은
    다 무엇인가.
    돌이킬 수 없는
    젊은 날의 실수들은
    다 무엇인가

2   그 여자의 입술을
    꾀던 내 거짓말들은
    다 무엇인가
    그 눈물을 달래던
    내 어릿광대 표정은
    다 무엇인가.
    이 야위고 흰
    손가락은
    다 무엇인가.

3   제 맛도 모르면서
    밤 새워 마시는
    이 술버릇은
    다 무엇인가
    그리고
    친구여
    모두가 모두
    창백한 얼굴에 명동에
    모이는 친구여
    당신들이 만나는
    쓸쓸한 이 습성은
    다 무엇인가.

4   절반을 더 살고도
    절반을 다 못 깨친
    이 답답한 목숨의 미련
    미련을 되씹는
    이 어리석음은
    다 무엇인가

    내 노동으로
    오늘을 살자고
    결심한 것이 언제인데.

신동문의 귀촌은 "내 노동으로 오늘을 살자고 한 결심"을 실천에 옮긴 일이었다. 그는 훗날 수양개 마을을 회고하면서 이렇게 말한 적이 있다. "수양개는 문명 이전의 오지마을이었어. 요즘의 이장이나 반장 하는 식으로 꽉 조여진 생활이 아니었고, 군대식의 효율적인 조직체계를 갖추지도 않았어. 그런데도 마을이 조화롭고 순박했어." 박정희 정권의 타율적인 농촌 근대화에 맞서 주체적이고 자율적인 농촌 공동체를 지향했던 신동문에게 수양개 마을은 어디에서도 찾기 힘든 "맑은 마음씨"를 가진 사람들이 사는 마을이었다. 하지만 그가 생각하기에 농촌 공동체가 진정으로 자율성을 지니려면 경제적인 자립을 이루어야 했다. 그가 마을 사람들과 함께 양잠을 치고 과수원을 꾸린 것은 이와 같은 판단 때문이었다.

시인 고은은 〈절필 시인 辛東文에게 보내는 편지〉(1978)에서 그 무렵의 신동문을 추억하며 이렇게 적었다. "이제 당신은 농민입니다. 시는 당신

충주댐 건설로 수몰되기 전의 수양개 마을

으로부터 무력한 것이 되고, 말은 목적이 아니라 삶의 일상적인 기호가 된 것입니다. 어떤 뜻에서 시인이라면 철저히 말의 목적론으로부터 해방된 침묵이나 상투적인 수단을 체험해야 하는 무서운 행복을 당신은 비문학적인 산간의 농촌 현실로부터 발견한 것인지도 모릅니다."

신동문은 농사짓는 농민에 그치지 않았다. 그는 그곳에 침술원을 열고 '침쟁이'로서의 삶을 시작했던 것이다. 침술에 대한 관심은 자신의 허약한 몸 때문이었다. 그는 자신의 몸을 실험 대상 삼아 직접 침을 놔가면서 침술을 오로지 독학으로 익혔다. 이를 위해 한방침술서는 물론이거니와 동양의 여러 전통 침술 서적들을 두루 섭렵했으며 중국의 모택동이 대장정 당시에 여러 병사들의 병을 낫게 한 경험을 되살려 펴내게 했다는 침술 서적을 어렵게 구해 탐독하기도 했다.

그는 가난한 농민들에게 무료로 침을 놔주었다. 소문이 퍼지자 신동문

수양개 마을에 있는 신동문의 고택

의 침술원 앞에는 수십, 수백 명이 차례를 기다릴 지경이었다. 그는 환자들에게 돈을 받지 않는 대신 농사 일손을 거들게 하거나 노래 한 자락 부르게 했다. 덕분에 수양개 마을에는 각양각색의 환자들이 부르는 흥겹고도 구슬픈 노래들이 떠나질 않았다고 한다. 그의 침술원은 서로 몸의 아픔을 덜고 마음의 위안을 나누어 가지는 풍요로운 공동체의 구심이 되었다.

이에 대해 고은은 앞선 글에서 이렇게 적기도 했다. "듣건대 당신은 현대 중국의 침술을 당신의 몸에 직접 시험하여 익혔다는 소식을 들었습니다. 그리하여 꽃거리는 물론, 단양 제천 등지에서까지 농가 아낙네나 어린 것들, 그리고 약 한 봉지 없이 늙어온 농부의 굳은 숙환들까지 거뜬하게 고친다는 것입니다. 광란뿐 아니라 설사만 나도, 눈병만 나도, 감기만 걸려도 당신을 찾아가는 그들의 광경을 상상하면 과장 없이 당신은 젊은 예수의 기적시대와 견주어집니다." 1983년 충주댐 건설로 인해 수양개 마을이 물에 잠기고 난 뒤에도, 신동문의 침술원은 계속해서 운영되었다. 하지만 그와 함께 울고 웃던 마을 사람들은 모두 다 뿔뿔이 흩어지고 난 뒤였다.

단양역에서 택시를 타고 찾아간 신동문의 집은 폐허였다. 아무도 찾아오지 않고 누구도 돌보지 않는 듯했다. 신동문의 삶은 그렇게 잊혀 오늘도 조금씩 무너져 내리고 있었다. 만약 신동문이 침 대신 펜을 계속 잡았더라면 더 많은 사람들의 기억 속에 살 수 있지 않았을까. 그의 꿈이 어린 터전도 이렇게 속수무책으로 무너져 내리지는 않지 않았을까. 하지만 그는 생의 마지막까지 홀로 터득한 침을 손에서 놓지 않았다. 마치 정직한 삶과 아름다운 공동체에 대한 희망은 도회의 가냘픈 펜이 아니라 아픈 농민들의 육체를 어루만지는 침으로만 꿈꿀 수 있다는 듯이. 비록 도시의 독자들은 잃었을지언정 농촌의 순수하고 맑은 사람들의 기억 속에서는 여전히 기거할 수 있다는 듯이. 그리고 그 편이 더욱 행복하다는 듯이.

문학과 수영, 침술에 이르기까지 자신의 삶에 꿈과 희망을 불어넣었던 모든 것들을 그는 스스로 배우고 터득했다. 그리고 나누었다. 그는 자신의 문학을 자아라는 좁은 실존에 가두지 않고 역사와 세계를 향해 열어놓았으며 어렵게 터득한 침술을 가난한 농민들의 몸과 마음을 어루만지는 데 바쳤다. 비록 신동문의 삶은 무너진 그의 집처럼 세상 사람들로부터 잊혀갔지만 독학과 나눔의 정신은 그 폐허에서도 우뚝 솟아 유유히 흐르는 남한강을 내려다보고 있었다.

 한영인(인문학협동조합)

'강인한 육체'의
여성,
영화라는
금지된
모험

"여성의 눈으로 세계를 보자"

1997년에 개막하여 2018년에 20주년을 맞이한 서울국제여성영화제의 캐치프레이즈다. 1997년 서울국제여성영화제의 개막작은 1955년에 발표된 박남옥 감독의 영화 〈미망인〉이었다. 영화제의 캐치프레이즈대로 전후 한국사회를 '여성의 눈'으로 바라본 작품이었다. 그리고 2001년 4월, 세 번째 서울국제여성영화제가 개막되었다. 이 자리에서 발표된 여성감독 김재의의 〈꿈〉은 박남옥 감독의 영화 〈미망인〉의 주요 장면들과 미국 LA에서 딸 이경주와 함께 노년을 보내고 있던 그의 일상을 동시에 펼쳐 보였다. 이제 막 출산을 마친 여성으로서, 카메라 앞이 아닌 뒤에 서는 시도가 결코 쉽지 않은 일이었음을 회고하는 박남옥의 목소리는 흑백화면을 뚫고 총천연색의 '꿈'이 되어 후배 여성 영화감독들과 관객들 앞에 현현했다. 그 꿈은 다름 아닌 박남옥의 '독학'이 뒷받침하고 있었다.

S#1. 영화의 꿈 혹은 '김신재'라는 이상형

영화에 대한 박남옥의 꿈은 한 명의 여배우로부터 시작되었다. 바로 김신재였다. 닥치는 대로 책을 독파하던 어린 시절, 박남옥은《신영화新映畫》라는 일본 영화잡지를 통해 최인규 감독을 내조해온 부인이자 배우였던 김신재에 관한 언급을 발견한다. 그 글을 접한 이후 박남옥은 김신재에게 경외심을 갖게 되어 그의 출연작 스틸을 모조리 스크랩했고, 편지까지 수십 통 써 보냈다고 한다.

박남옥
박남옥은 소주 두세 병은 눈 깜짝할 새에 마시는 주량과
'골초'라는 말을 들을 만큼 대단한 애연가였다.

김신재는 문예봉, 김소영과 더불어 식민지 조선의 여배우 트로이카 가운데 한 명이었다. 조선을 대표하는 정숙한 현모양처 문예봉, 담배를 내뿜으며 한탄하는 모습이 어울렸던 김소영과 달리 김신재는 '만년 소녀'의 이미지를 가지고 있었다. 신의주 신영극장에서 사무원으로 일하다가 같은 극장 영사기사였던 최인규와 결혼한 김신재는 남편을 따라 영화계에 입문한 후 짧은 기간에 스타덤에 오르며 일본 신파극의 대배우 미즈타니 야에코水谷八重子에 비견되었다. 김신재는 남편이 연출한 대부분의 영화에서 군인이 될 조선 소년들 곁을 지키는 '조선의 누이'였다.[1] 그녀는 여배우들과 남편 사이에서 불거진 스캔들을 감내하면서 현모양처의 이미지 또한 가지게 되었다. 미즈타니 야에코의 신파성이 김신재의 연기가 아닌 삶 자체에 유착되었던 셈이다.

식민지기 조선여배우 트로이카 중 한 명인 김신재
조선 남자들의 누이이기도 했으나
박남옥은 예술인 김신재에 집중했다.

훗날 박남옥이 김신재와 마찬가지로 남편과 함께 작업하게 된다는 사실을 염두에 둔다면, 박남옥이 김신재로부터 발견한 미감은 만년 소녀의 이미지에 그치는 것이 아니라, 최인규와의 동지관계를 유지한 예술가라는 의미에서 비로소 확고부동하게 자리 잡게 되었던 것으로 보인다. 김신재에 대한 박남옥의 찬미는 팬덤의 소비가 아니라 영화 미학이라는 생산적인 방식으로 표출되기를 기다리고 있었다. 그 미학은 또 한 명의 여성, 레니 리펜슈탈과의 만남을 통해 절정에 도달했다.

S#2. 전범典範/戰犯, 레니 리펜슈탈과 〈올림피아〉

베르타 헬레네 아말리에 레니 리펜슈탈Berta Helene Amalie Leni Riefenstahl. 부유한 집안에서 태어나 아버지의 격렬한 반대를 무릅쓰고 1923년 무용가로 데뷔한 리펜슈탈은 얼마 지나지 않아 무릎 부상을 당해 무용가로서의 길을 일찍 마감하게 된다. 그러던 중 우연히 산악영화 〈운명의 산Berg des Schicksals〉의 포스터를 보고 영화에 흥미를 가지게 된 그녀는 폰 아르놀트 팡크 감독과 함께 산악영화 〈성스러운 산Der Heilige Berg〉의 제작에 뛰어든다. 영화의 여주인공은 빼어난 미모뿐만 아니라 강인한 육체까지 지니고 있던 리펜슈탈, 바로 그녀였다.

리펜슈탈의 영화를 보고 그녀의 열렬한 팬이 된 한 남자가 있었으니, 그는 다름 아닌 아돌프 히틀러였다. 1932년에 발표된 리펜슈탈의 영화 〈푸른 빛Das blaue Licht〉을 본 히틀러는 그녀의 적극적인 후원자가 되었고, 그녀는 정치의 미학화에 자신의 탁월한 재능을 제공했다. 1935년 히틀러의 요청을 받아 제작한 나치당의 뉘른베르크 전당대회 기록영화 〈의

지의 승리Triumph des Willens〉는 혁신적인 스펙터클과 적절한 사운드 등으로 가득 차 있었는데, 그녀는 히틀러를 마치 천상에서 내려온 구세주처럼 묘사해낸다.

이듬해 리펜슈탈은 국제올림픽위원회 오토 마이어의 요청으로 베를린 올림픽 기록영화 〈올림피아Olympia〉를 만들어 베니스 영화제에서 그랑프리를 거머쥠과 동시에 '나치의 마녀'라는 닉네임을 얻는다.[2] 인간 육체의 미적 가치를 집요하게 추구한 것으로 평가받는 〈올림피아〉에서 리펜슈탈은 과묵한 동양의 마라토너를 비중 있게 다루었는데, 그는 다름 아닌 식민지 조선의 손기정이었다. 강인한 육체의 웅대한 드라마가 여성감독의 손끝에서 비롯되었다는 사실을 알게 된 박남옥은 커다란 자극을 받았다. 박남옥은 손기정과 손기정의 창조자라고 해도 크게 틀리지 않을 리펜슈탈을 통해 자신의 강인한 육체를 다시 한번 상기했는지도 모를 일이다.

손기정과 리펜슈탈
1956년 독일을 찾은 손기정(왼쪽)과 기념사진을 찍은 리펜슈탈.

S#3. 전선戰線에 선 '강인한 육체'의 여성

"호탕하고 보기 드문 술고래로 함께 영화 이야기로 밤이 새는 줄 몰랐던, 영화밖에 모르는 사람"이라는 유현목의 회고에서 드러나듯, 박남옥에게서 통념적인 여성상은 쉽게 포착되지 않는다. 영화평론가 김종원이 전하는 바에 따르면, 박남옥 감독은 소주 두세 병은 눈 깜짝할 새에 마시는 술고래이자 '골초'라는 말을 들을 만큼 대단한 애연가였다. 또한 웬만한 권투 중계는 놓치지 않았던 복싱 팬이기도 했다.[3]

박남옥의 이력 가운데 유독 눈에 띄는 것은 경북여고 재학시절 투포환 선수로 조선신궁봉찬체육대회(현 전국체전)에 출전해 1939년에서 1941년까지 3회 연속 한국 신기록을 수립했다는 사실이다. 원로 육상인들이 '해방 후에는 백옥자, 해방 전에는 박남옥'이라 평할 정도로 뛰어난 성과였다. 박남옥은 투포환뿐만 아니라 단거리와 높이뛰기에도 재능을 보인 만능선수였다.

이 시절의 박남옥은 운동으로 바쁜 일상 속에서도 영화 포스터와 배우들의 브로마이드, 영화의 신문광고 사진을 수집하는 데 열을 올렸다고 한다. 바야흐로 영화를 향한 꿈이 무르익던 시절이었다. 1943년 박남옥은 부모의 권유에 따라 이화여전 가정과에 입학하지만, 이듬해인 1944년 결혼을 강요하는 부모에 맞서 학교를 중퇴하고 의절하다시피 한 채 대구일일신문사 기자로 입사하여 영화평을 집필한다. 1945년부터는 서울로 올라와 조선영화사 광희동 촬영소에 들어가 편집조수 및 스크립터 일을 맡으면서 본격적인 현장 경험을 쌓게 된다. 1950년 초여름 부모의 성화에 못 이겨 고향으로 선을 보러 갔다가 한국전쟁을 겪게 된 박남옥은 여성으

〈미망인〉 포스터
박남옥의 유일한
필모그라피에 해당하는 〈미망인〉은
1955년 4월 2일, 중앙극장에서
개봉되어 불과 나흘 만에
간판을 내리고 말았다.

로서는 드물게 한형모 감독을 따라 국방부 촬영대의 일원으로 김석원 장군이 지휘하는 영천작전에 참여하기도 했다.

이처럼 박남옥의 자취는 일견 자신만만해 보이지만, 그 과정은 결코 순조롭지 않았다. 박남옥이 1947년 신경균 감독의 영화 〈새로운 맹서〉의 스크립터로서 제작에 참여하던 시절에는 단지 여성이라는 이유로 로케이션 촬영에서 배제되었고, 국방부 촬영대 시절에도 여성은 트럭에 동승할 수 없다는 이유로 또 한 차례 배제될 뻔했다. 그에게 영화는 번번이 금지된 모험으로 다가왔다. 이와 같은 모험 끝에 그가 방송극작가 조남사의 소개로 방송극 연출가인 이보라와 결혼한 것은 1953년 부산에서였다. 그리고 첫딸 경주를 얻었다.

첫딸 경주에 뒤이어 탄생한 이가 '한국영화사 최초의 여성감독' 박남옥이었다. 박남옥의 데뷔작 〈미망인〉은 남편이 쓴 시나리오를 가지고 언니의 돈까지 끌어들여 제작한 영화로, 낳은 지 겨우 두 달도 안 된 딸을 들쳐 업고 찍은 작품이다. 갓난아기를 등에 업은 채 '큐 사인'을 외쳤을 그녀의 존재는 리펜슈탈이 스크린을 통해 욕망했던 강인한 육체, 바로 그 것이었다. 1955년 4월 2일, 우여곡절 끝에 이루어진 영화 〈미망인〉의 개봉은 박남옥의 '미망彌望'과 더불어 강인한 육체의 여성에 의해 한국영화사의 새로운 국면이 펼쳐지는 순간이었다.

S#4. 영화 〈미망인〉과 박남옥의 전후戰後

중앙극장에서 개봉한 박남옥의 〈미망인〉은 불과 나흘 만에 간판을 내리고 말았다. 이후 박남옥은 영화잡지 《시네마팬》을 창간하면서 해외영화제를 취재하여 소개하는 등 영화에 대한 애정을 이어가보지만 더 이상 연출의 기회가 주어지지는 않았다.[4] 이로써 〈미망인〉은 박남옥의 데뷔작이자 은퇴작이 되었다.

하지만 〈미망인〉은 1997년 제1회 서울국제여성영화제의 개막작으로 상영됨으로써 후대 관객에게 재발견될 수 있는 기회를 얻었다. 이 영화는 한국전쟁 때 죽은 남편의 친구에게 후원을 받아 삶을 유지하면서 딸을 버리고 또 다른 남자와의 동거를 시작하지만 끝내 그에게 배신당하고 마는 미망인의 삶을 다루고 있다. "여성감독이 아니면 착안하기 어려운 '앵글'과 사건의 '템포', '리듬'의 명쾌, 화면과 동작(연기) 등에 생활감정을 예리하게 융화"[5]했다는 〈미망인〉에 대한 당시의 평가는 박남옥의 영화가 그저 '흉내내기'에 그치지 않았음을 정확하게 지적하고 있다. 영화 〈미망

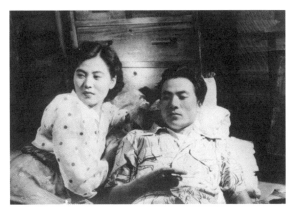

영화 〈미망인〉
전쟁미망인 신은 한국전쟁 때 죽은 남편의 친구였던 이성진 사장의 도움으로
생계를 유지하는 한편, 외동딸 주를 버리고 젊은 남자 택과 동거한다.

인〉의 내러티브는 이와 같은 스펙터클의 차원뿐만 아니라 전후 세계에 대한 환멸과 자기 선택에 대한 확신에 기반하고 있다는 점에서 다분히 도전적이다. 이러한 도전적 내러티브는 박남옥의 시대인식과 결코 동떨어져 있지 않다. 아니, 오히려 박남옥의 시대인식은 〈미망인〉의 세계관을 훨씬 앞서 있었다고 해야 옳을 것이다. '싱가미싱'의 박동 속에서 힘겨운 삶을 위태롭게 유지해나갔던 전쟁미망인들의 삶을 뒤로하고, 갓난아기를 등에 업은 채 촬영현장을 누비던 박남옥의 1950년대는 전후 여성이라는 전형성에 대한 도전으로서 〈미망인〉의 내러티브를 이미 초월한 것이었다.

S#5. 독학자의 서재는 서재 바깥의 현장이다

박남옥의 독학은 의식과 무의식, 두 가지 차원에서 이루어졌다. 영화가 의식적 차원에 해당하는 것이라면 여성으로서의 삶은 무의식적 차원에 해당하는 것이었다. 박남옥의 독학은 훌륭한 개념과 이론이 제공하는 확실한 지침 대신 공식적인 말과 글의 칸막이를 벗어난 예술적·육체적 모험을 감행하는 과정에서 이루어졌다. 말과 글의 칸막이를 넘는 일이 가정이라는 규율적 공간의 울타리를 넘는 일과 동시에 이루어졌음은 물론이다. 2008년 제1회 박남옥 영화상의 수상자로 선정된 임순례 감독의 〈우리 생애 최고의 순간〉은 이러한 모험의 재현으로서 리펜슈탈을 거쳐 박남옥이 꿈꾸었던 강인한 육체의 향연을 보여주는 작품이다.[6]

박남옥 영화제, 그리고 박남옥의 유일한 영화가 소개된 서울국제영화제는 박남옥의 영화적 유산流産이 낳은 영화적 유산遺産, 더 나아가 담론적 유산이라고 해도 무방하다. 다소 소박하게나마 박남옥이 재조명되고 10여 년이 흐른 뒤에 개최된 2011년 서울국제영화제에서는 '여성과 장소/자리'에 대한 논의가 펼쳐졌다. 이 자리에 참석한 한 여성 인류학자는 다음과 같이 묻고 답한다. "여성은 장소들 속에서 어떻게 자신의 자리를 발견하는 것일까? 그리고 사회(적인 것)는 여기서 어떤 역할을 하는가? 여성은 사생활의 영역인 집에서도 장소 상실을 겪곤 한다. 여성에 대한 사회적 환대는 여전히 조건적이다. 여성은 자리를 위한 투쟁을 계속해야 한다."[7] 박남옥은 전후 한국 영화계에서 그 어떤 환대도 이끌어내지 못했지만 이제라도 환대의 권리에 대한 어젠다를 제기한 여성 독학자로서 온전히 자리매김되어야 할 것이다. 그녀의 자리가 그저 전후 한국 영화계에만 마련될 수 없음은 물론이다.

밀란 쿤데라는 《참을 수 없는 존재의 가벼움》에서 "독학자와 학교에 다닌 사람의 다른 점은 지식의 폭이 아니라 생명력과 자신에 대한 신뢰감의 정도 차이"라고 말한다. 단 한 편의 영화만을 남겼지만, 독학자로서 박남옥의 존재는 결코 가볍지 않다. 한국 여성영화의 마르지 않는 생명력으로서 박남옥은 독학을 통해 자신을 낳은 첫 번째 여성으로 정당하게 기억되어야 할 것이다.

권두현(인문학협동조합원, 동국대학교 강사)

유신정권과
개발독재가
낳은 비극,
철거민

박흥숙은 1977년 4월 20일 광주 무등산 덕산골에서 쇠망치로 사내 넷을
죽였다. 살해당한 이들은 무등산 일대의 무허가 주택을 철거하기 위해 나
온 광주시 동구청 건축과 녹지계 소속 철거반원들이었다. 박흥숙은 출동
한 철거반원 일곱 명 중 일찌감치 빠져나간 한 명을 제외하고 여섯 명을
모조리 때려죽이려 했다. 박흥숙은 살인 및 살인미수 혐의로 1977년 9월
1심 재판에서 사형 판결을 받았다. 이후 고등법원에서도 그의 항소는 기
각되었고, 대법원 역시 원심을 받아들여 사형이 확정됐다. 박흥숙은 광
주교도소에서 3년 동안 수감생활을 하다 1980년 12월 24일 형 집행을 당
했다. 광주민주화운동이 일어난 그 해 겨울 광주에서 일어난 최초의 사형
집행이었다.

당시 이 사건에서 집을 잃은 철거민의 절규와 막다른 길에 내몰린 빈

민의 마지막 저항이라는 관점은 존재하지 않았다. 호사가들은 살해범 박흥숙을 '무등산 타잔'이라는 별명으로 불렀다. 언론은 박흥숙을 "무등산을 날다시피 뛰어 오르고", "흉내 낼 수 없는 무공을 익혀 이소룡도 당하지 못할" 정도의 대단한 무술가로 묘사했다. 그러나 실제로 박흥숙은 165센티미터가 채 되지 않는 키에 마른 몸을 가진, 당시 한국 남성의 평균 신체 조건에도 미치지 못하는 왜소한 사내였다. 그가 날다람쥐마냥 무등산을 탔던 것은 광주 시내에 기거할 집이 마땅치 않아 산 깊숙한 곳에 토막을 짓고 살 수밖에 없었던 가난한 형편 때문이었다. 대단하다고 알려진 무술 솜씨 역시 어린 시절 굶주려 허약해진 몸을 단련하기 위해 매일같이 운동과 수련에 힘썼던 결과가 부풀려 전해진 이야기일 뿐이었다.

신체 단련하는 박흥숙
박흥숙은 검정고시와
법학 공부를 하는 틈틈이 신체도
부지런히 단련했다.
어린 시절 굶주려 허약해진 몸을
강하게 만들려는 이유에서였다.
공부를 더 열심히 하기 위해서는
체력이 중요하다고 생각했다.

살인이라는 행위 자체는 결코 옹호될 수 없다. 하지만 박흥숙 사건은 무리한 철거 집행으로 인해 삶의 터전을 잃어버린 빈민이 극단적으로 저항하다 벌어진 참극이라는 점에도 주목해야 한다. 그런데도 관과 언론은 비참하게 내쫓긴 철거민의 실상은 숨기고, 사제 총과 "오함마" 등 자극적 소재만을 앞세워 그를 극악무도한 살인범으로 연출했다. 설상가상으로 검거 이후 그에게는 용공 혐의마저 추가됐다. 평소 영험한 기운이 많은 것으로 알려진 무등산에서 무당들이 굿하는 것을 뒤치다꺼리했던 그의 어머니에게는 미신 풍습이라는 전근대적 야만성마저 덧씌웠다. 그렇게 "무당골의 타잔"이라는 괴물이 만들어졌다.

"가난한 사람은 이 나라 국민이 아니란 말인가"

당시 무등산 자락에는 광주 시내에서 거주지를 마련하지 못해 도심에서 밀려난 빈민들이 모여 살고 있었다. 박흥숙은 그중에서도 무당들이 집단으로 모여 살던 무등산의 가장 외진 곳이었던 덕산골 일대의 험지에 자리를 틀었다. 어머니는 무당들이 굿을 할 때 제사 상차림을 돕는 대가로 남은 음식을 얻거나, 의식이나 제물로 쓰고 남은 비단, 명주, 실 따위를 수습해 푼푼이 돈을 모았다. 1974년부터 자리 잡고 살기 시작한 토막집에 이태 전부터 철거 계고장이 날아들었지만, 박흥숙과 그의 가족들은 그것이 어떤 의미인지 자세히 알지 못했다.

20여 호가 모여 살던 빈민촌에 여덟 가구만 남게 되었을 때, 박흥숙도 이제 곧 덕산골을 떠나야할 때가 왔다고 생각했다. 철거반원들이 들이닥친 1977년 4월의 그날, 박흥숙은 당혹스러웠음에도 불구하고 처음부터 철거 집행에 순순히 응했다고 한다. 그런데 철거반원들은 가재도구를 끌어낼 시간도 주지 않고 집안에 다짜고짜 불부터 놓았다. 당시 어렵게 모은 전 재산 30만 원을 천장에 숨겨놓았던 어머니가 집이 활활 불타는 모습을 보고 실성한 듯 돈을 꺼내려 불이 난 집으로 달려들었다. 하지만 철거반원들이 그런 어머니를 거칠게 가로막았다. 박흥숙의 어머니는 숨겨놓았던 돈도 꺼내지 못하고 철거반원들에 의해 바닥으로 밀쳐 넘어져 흙투성이가 됐다. 이때까지만 해도 박흥숙은 "저들도 위에서 시키는 일을 하는 것일 뿐"이라며 철거반원들을 원망하지 말자고 어머니께 이야기했다고 한다. 지금껏 가장 큰 보람이었던 손수 지은 집이 타버리고, 어머니가 힘들게 모았던 전 재산 30만 원마저 찾을 수 없게 된 절망적 상황에서도 이성의 끈을 놓지 않았던 것이다.

박흥숙이 철거반원들에게 요구한 것은 오로지 단 한 가지였다. 박흥숙의 집 위쪽 골짜기에 늙고 병든 부부가 함께 사는 움막이 있는데, 그 집만은 불태우지 말아달라는 부탁이었다. 자신들은 어떻게든 다시 일어설 수 있지만, 그 노부부는 움막을 잃게 되면 완전히 끝장날 것을 염려했기 때문이다. 하지만 철거반원들은 그의 마지막 부탁을 매몰차게 무시했다. "젊은 놈이 가만 놔두니 계속 나선다"며 욕을 하고는 기어코 노부부의 움막에까지 내처 불을 질렀다.

여기까지 이르자 크게 분노한 박흥숙은 사제 총을 가져와 철거반원들을 위협하고 그들을 전부 포박했다. 그렇게 해야만 철거반원들의 행위를 멈출 수 있다 싶었기 때문이다. 박흥숙은 철거반원들을 제압한 후에도 곧바로 직접적으로 폭행을 가하지 않았다. 박흥숙은 철거반원들에게 광주시장을 함께 찾아가 가난한 사람들의 집을 이렇게 불태우는 것이 정당한 일인지 따져 묻자고 말했을 뿐이었다.

하지만 안타깝게도 철거반원들은 박흥숙의 절제심을 다른 방식으로 이용했다. 상황이 그렇게 위험하지 않다는 것을 눈치 챈 철거반원들은 스스로 포승을 풀면서 "어쩔 셈이냐?"며 또다시 박흥숙을 자극했다. 박흥숙은 마지막까지 인내심을 가지고 철거반원들에게 집을 불태운 것과 폭력을 행사한 것에 대한 사과를 요구했으나 철거반원들은 사과는 하지 않고 계속 조롱할 뿐이었다. 이에 흥분한 박흥숙은 구덩이에 철거반원들을 거칠게 몰아넣었다. 박흥숙은 "가난한 사람은 이 나라 국민이 아니란 말인가"라고 절규하며 철거반원들의 머리를 하나씩 쇠망치로 내리 찍었다.

가난과 공부, 그 모순과 아이러니

전라남도 영광 태생인 박흥숙은 지독하게 가난한 집안의 장남이었다. 그의 집안은 증조할아버지가 동학운동 때 관군의 총에 맞아 죽은 이후 급격히 어려워졌다고 한다. 그의 부모가 노변의 집에 딸린 허름한 구멍가게를 운영했지만, 가난 때문에 굶주리는 일이 다반사였다. 박흥숙에게는 원래 형이 있었으나 일찍 죽었고, 초등 5학년 때는 아버지마저 병으로 돌아가셨다. 기울어진 가세 탓에 제대로 먹지 못해 신체의 성장과 발육이 남들만 못했지만, 초등학교 학업 성적만은 언제나 최우등이었다. 그의 생활기록부에는 "두뇌가 명석하고 부지런하며 독립심이 강하다"고 기록되어 있었다.

중등 입학시험을 수석으로 합격해 장학금을 받기로 돼 있었고 교과서도 무상으로 제공받았지만, 박흥숙은 가정형편 때문에 끝내 진학을 포기할 수밖에 없었다. 부친 사망 후 더욱 나빠진 가정형편 탓에 초등학교도

겨우 마칠 수 있었다. 이후 어머니는 가난한 살림에 입 하나라도 덜기 위해 박흥숙의 여동생을 데리고 내장산의 절로 들어갔다. 어머니와 여동생은 사찰의 허드렛일을 도와주는 불목하니로 지내며 겨우겨우 연명했다고 한다. 박흥숙은 이모가 살고 있는 광주로 옮겨가 열네 살 때부터 가게 점원과 열쇠수리공으로 일했다. 철거반원 살인 사건 당시 사용했던 사제 총도 이때 익히고 배운 철공 기술을 통해 만들어낸 결과물이었다.

몇 년 동안이나 뿔뿔이 흩어졌던 어머니와 여동생들이 모두 모여 함께 살 수 있게 된 것은 장남 박흥숙의 결심 때문이었다. 그렇지만 광주 시내에 가난한 박흥숙 가족이 모여 살 집은 없었다. 변두리의 사글세조차 감당할 수 없었던 박흥숙은 무등산으로 들어가 손수 집을 짓기로 했다. 한겨울 마르고 언 땅을 고르고 돌을 모아 벽을 세운 뒤 그러모은 흙을 물에 개어 벽에 발랐다. 그렇게 60일 만에 방 한 칸과 부엌 한 칸짜리 집이 완성됐다. "돼지 움막보다 못한" 토막이었으나 가족이 모두 함께 지낼 수 있다는 생각에 그들은 그저 뿌듯했다. 이때만 해도 박흥숙은 개발제한구역이었던 덕산골이 훗날 무등산에 설치될 케이블카 조망권에 들어갈 줄은 꿈에도 짐작하지 못했을 것이다.

그는 낮에는 철공소에서 일하고, 밤에는 집으로 돌아와 공부를 했다. 주경야독이었다. 틈틈이 검정고시 준비를 해, 다섯 달 만에 중학교와 고등학교 졸업 자격을 얻었다. 이후 그가 선택한 공부는 사법시험이었다. 대한민국의 법이 가난한 사람들을 제대로 보호하지 못한다고 생각했기 때문이다.

박흥숙은 공부를 하는 중간에 틈틈이 신체 단련에도 매진했다. 어린 시절 너무 가난해 제대로 먹지 못해 남보다 작았던 체구를 극복하기 위한 수련이었다. 더 오래 집중해서 공부하기 위해서는 체력을 기르는 것이 좋겠다는 판단도 작용했다. 그는 산속에 구덩이를 파서 공부방으로 써야 할 정도로 어려운 형편에서 공부를 이어갔다. 비극적이게도 철거반원들을 살해한 장소가 돼버린 그 구덩이는 황색 언론들에 의해 무장공비의 '비트' 혹은 '벙커'로 호도되기도 했다.

차별과 소외, 성장과 개발의 어두운 그림자

박흥숙 사건은 유신정권 말기 도시 빈민의 거주 문제와 무분별한 도시 재개발 정책, 관료들의 전시 행정 야욕이 겹쳐 만들어낸 어두운 그림자였다. 압축적 성장과 무분별한 도시 개발의 이면에는 언제나 철거민과 빈민들의 고통이 숨겨져 있었다.

　1960년대 말부터 건설되기 시작한 경부고속도로를 축으로 수도권과 영남 지역의 경제 성장은 급속도로 이루어졌다. 하지만 그 외의 지역은 개발에서 철저하게 소외됐다. 경부고속도로는 '압축적 성장의 젖줄'이기도 했지만, '차별적 성장의 경계'이기도 했다. 1970년대까지 전라도 지역의 저발전은 유독 심각했다. 이로 인해 반反박정희 정서는 빠르게 호남 전체로 확산됐다. 박정희 정권은 전라도민의 성난 민심을 잠재우기 위해 호남 지역 개발 정책을 마구잡이로 내놓았다.

　하지만 중앙정부에서 예산을 제대로 지원하지 않아, 호남 개발 정책은 허울에 불과했을 뿐 제대로 시행된 것이 별로 없었다. 1972년에 발표한 '무등산 도립공원 지정'이 대표적이다. 도립공원으로 지정된 지 다섯 해가 지나도록 무등산 일대는 이전과 다를 바 없이 개발제한구역으로 묶여 방치돼 있었다. 그러던 차에 광주가 1978년 전국체전의 개최지로 정해지면서 지금껏 방치됐던 무등산 개발 사업에도 박차를 가하기로 했다. 광주 시내 곳곳에 경기장을 짓고, 무등산에는 케이블카를 설치하기로 결정했다. 그와 함께 무등산 일대의 지역 정비와 경관 개선 사업을 벌여나가기로 했다.

사건 이후 살아남은 철거반원이 진술한 바에 따르면, 이날은 전국체전 준비 상황을 점검하기 위해 박정희 대통령의 헬기 순시가 예정되어 있었다고 한다. 대통령이 탄 헬기가 무등산 일대를 지날 수 있으니, 경관을 해치는 덕산골의 무허가 주택을 일소하라는 상부 명령을 받았다는 것이다. 철거반원들 역시 평소라면 '계고 후 철거'의 원칙을 준수하면서도 철거민들에게 특별히 딱한 사정이 있을 경우 어느 정도 눈감아줄 법했겠으나, 그날은 긴급한 명령에 따라 하는 수 없이 덕산골 빈민들의 주택을 무차별

무등산 철거반원 살해사건의 현장검증 모습
범행도구로 알려진
'사제총'과 '오함마' 등을
노골적으로 강조한 사진이
연일 언론에 보도됐다.
박흥숙은 이로써 흉악무도한
괴물로 완성됐다.

적으로 '소각'할 수밖에 없었다. 그들에게는 철거민들이 집을 잃고 당장 갈 곳을 날리는 것에 연민을 느끼기보다, 상부의 명령을 수행하는 게 더 중요했다. 헬리콥터를 타고 직접 호남과 광주를 방문할 박정희 대통령의 시선에 무등산 자락에 자리한 가난한 사람들의 움막이 눈에 띄면 절대로 안 됐기 때문이다. 당시 대한민국은 경제 성장과 도시 개발을 위해서라면 약자들의 희생은 감수해야 한다는 생각이 지배적인 사회였다.

분노와 파국, 도시 빈민 문제의 사회화

박흥숙의 법 공부와 무술 단련이 무엇을 지향했는지는 자명하다. 그에게 법이란 시민으로서 자신의 권리를 정당하게 주장하고 약자들을 대변하는 수단이었으며, 독학으로 지속한 법 공부는 세상의 가혹한 폭력으로부터 제 자신을 지키고 가족과 이웃을 보호하려는 의지의 발현이었다. 집이 불에 타고 전 재산을 잃게 된 순간에도 그는 국가와 법이 공정하게 해결해줄 것이라고 순진하게 믿었다. 그가 철거반원들을 포박한 이유도 강제 집행을 멈추고 함께 시청으로 찾아가 집을 소각한 것이 정당한 행위인지를 따져 묻고자 했던 것임을 상기해보면 그의 법 공부가 어떤 의도에서 이어져왔는지를 짐작할 수 있다.

그날의 비극은 독학을 통해서라도 이루고자 했던 사회적 약자의 순수한 꿈이 끝내 좌절된 순간에 발생했다. 박흥숙은 철거반원을 살해한 직후, 도망하기 위해 무작정 광주를 벗어났다. 하지만 그는 불과 이틀 만에 서울에서 체포된다. 박흥숙은 사실 경찰의 수사에 의해 붙잡힌 게 아니라 자수를 했다.

그런데 그가 자수를 한 이유가 기가 막히다. 그는 이틀 동안 도망을 다니면서 고속버스에서 우연히 만난 수상한 사람을 간첩 용의자로 신고하기 위해 서울의 중앙정보부를 스스로 찾아갔다. 살인을 저지르고 도망하는 와중에도 간첩 신고를 끝내 외면하지 못했던 것이다. "사회질서를 파괴한 잔혹한 살인마" 박흥숙이 그간 익히고 배워 몸에 밴 상식과 교양이 지배 권력이 주입한 규율에서 한 치도 벗어나지 못한 교과서적인 것이기도 했다는 사실을 보여주는 아이러니다.

재판정에서 박흥숙은 자신의 죄를 깊이 뉘우친다고 말했다. 살인을 저지른 자신의 죄에 대해 순순히 인정하고, 자기는 죽어 마땅하다고 최후 진술하기도 했다. 물론 그의 불우한 유년 시절과 사건 당일 그의 가족과

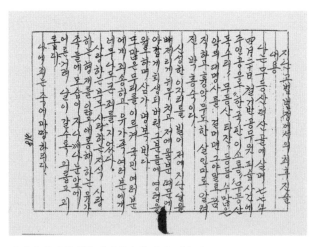

마지막 재판에 제출된 박흥숙의 자필 진술서
자신이 저지른 잘못을 변명하기보다 죄를 인정하고, 사망한 철거반원들과
그의 가족들에게 용서를 구하는 내용으로 채워져 있다.

이웃이 당한 치욕에 공감해 동정심을 베풀어야 한다는 사람들도 있었다. 덕산골의 주민을 비롯해 광주의 여러 시민들과 이웃들이 그를 구명하기 위해 나서기도 했다. 하지만 사형 판결을 막을 수는 없었다.

이 사건은 유신독재의 민낯과 개발주의의 부작용을 만천하에 드러내는 대표적인 사례로 오래도록 회자됐다. 그 후 사람들은 '철거민'의 생존권을 의식하게 됐고, 개발만이 능사가 아니라는 점도 생각할 줄 알게 됐다. 박흥숙 사건이 도시 빈민 문제를 사회화하는 데 큰 기여를 한 셈이다. 형장의 이슬로 사라진 박흥숙의 법 공부가 우리 사회에서 끝내 제대로 쓰이지 못한 사정이야말로 시대의 비극이자, 대한민국의 법과 정의 사이의 결렬을 보여주는 쓸쓸한 자화상일 것이다.

그로부터 한 세대가 더 지난 지금, 건물주와 세입자 사이에서 벌어지는 숱한 갈등이나 도심 재개발 정책으로 인해 서민들이 겪게 된 전세난과 월세난, 그리고 가난한 청년과 예술가들이 도처에서 쫓겨나고 있는 '젠트리피케이션gentrification' 현상을 21세기판 박흥숙 사건의 또 다른 전조라 말하는 것이 과연 무리일까.

 강부원(성균관대 동아시아학술원 연구원)

'무한동력 장치'는 실패했지만 '인생'에 실패는 없다

실패는 독학자의 공부 방법

샐린저의 소설《호밀밭의 파수꾼》의 주인공 홀든은 학교에 돌아가면 성실히 공부하겠느냐는 의사의 질문에 이렇게 반문한다. "실제로 해보기 전에 우리가 무엇을 하게 될지 어떻게 알 수 있단 말입니까?" 홀든의 말처럼 무언가를 해보기 전에 그 결과를 알 수 있는 일은 세상에 존재하지 않는다. 만약 그런 것이 존재한다면 그건 기껏해야 남이 닦아놓은 길을 아무런 위험 없이 반복해서 걷는 것일 따름이다. 소설에서 홀든은 착실한 성공보다 자신만의 실패를 선택한다. 그가 감행한 가출은 일장춘몽의 일탈이었지만 그럼에도 그는 일단 그 일탈을 감행하고 난 후에야 집으로 돌아온다. 가출은 허락되지 않은 것이며 불가능한 것이라는 외부의 명령에 자신을 가두지 않았던 것이다.

　우리는 《호밀밭의 파수꾼》에 등장하는 의사와 홀든을 각각 제도화된 커리큘럼을 성실하게 이수하는 학생의 공부와 오직 스스로에 의지해 실행과 실패를 거듭하며 조금씩 완수되는 독학자의 공부에 대입해볼 수 있을 것이다. 독학은 "실제로 해보기 전에 우리가 무엇을 하게 될지 알 수 없다"는 사실을 이미 잘 알고 있는 사람들이 선택한 공부 방법이다. 전대미문의 길이 늘 그렇듯 이 길에는 수많은 시행착오와 실패의 흔적이 아로새겨져 있다. 그러나 독학자에게 시행착오와 반복되는 실패는 곧 공부의 깊이를 의미한다. 따라서 우리가 독학자들의 삶과 실천에서 주목해야 하는 것은 그들의 성공이 아니라 실패의 여정이다.

어깨 너머 배운 기술, 가난한 유년기

오필균은 1955년에 태어났으며 공식 학력은 초졸이다. 그는 어릴 때부터 미술과 공작에 두각을 나타냈다. 초등학교 4학년 미술 시간에 다른 학생들과 다르게 매우 사실적인 그림을 그려냈더니 담임선생이 누가 대신 해준 것 같다고 실력을 인정하지 않았다. 학교 대표로 공작실기대회에 나간 적도 있지만 행사장에서 제시한 주제를 무시하고 자기 마음대로 만들어 바로 떨어지고 말았다. 이런 일들을 겪으면서 그는 자신의 세계를 이해해주는 사람이 없다고 느꼈다.

　그의 아버지는 모터를 이용한 방아로 곡식을 도정해주던 방아지기였다. 시절이 시절인지라 모든 기계 수리는 집에서 이루어졌다. 숯불을 피워 직접 필요한 베어링을 만드는 식이었다. 오필균은 집에서 아버지의 일

오필균
상상의 기술 '무한동력장치' 설계의 도전에 나섰던 오필균은
현재 철물점을 운영 중이다. 철물점은 그가 어깨너머로, 실패를 거듭하며,
독학을 통해 배운 노하우를 이웃들과 나누는 사랑방이자 공부방이다.
윤주혜 작가 제공.

을 도우며 학교에서보다 더 많은 배움을 얻었다. 이를테면 처음 보는 기계도 바로 도면으로 바꿔서 그릴 수 있게 되었는데 이는 디자인 감각만큼이나 기계에 대한 원리를 알아야 가능한 일이었다.

오필균의 아버지는 동네에 몇 안 되는 기술자였지만 동업한 친구들이 들어오는 족족 돈을 빼앗아가버려 그의 집안은 가난을 벗어날 수 없었다. 할 수 없이 그는 중학교 진학을 포기하고 구두닦이와 배달원 생활을 하며 일찍 사회로 진출했다. 열아홉 살에는 제주도로 내려가 타일 기술을 배우기도 했다. 그곳에서 3년간 일하며 익힌 기술을 가지고 고향으로 돌아왔다.

타고난 손재주 덕분인지 그는 고향에서 금세 인기 있는 기술자가 되었다. 당시엔 건축 경기가 좋았기 때문에 꽤 많은 돈을 벌 수 있었고, 딱히 더 배우고 싶은 것도 없었던 터라 그는 타일 기술공으로 평범하게 사는 것에 만족했다. 하지만 70년대 후반 중동에 타일 기술자로 파견을 나가면서 그는 커다란 변화를 겪게 된다. 기능공과 기술자가 부족했던 1970년대, 한국의 많은 청년들은 기술을 배워서 해외로 나가는 것만이 가난을 이겨내는 유일한 방법이라고 생각했다. 하지만 기술을 교육할 수 있는 시스템이 미비했기에 대부분의 기술자들은 도제수업을 통하거나 독학으로 기술을 익힐 수밖에 없었다. 스스로 익힌 기술을 바탕으로 중동까지 진출했던 오필균의 삶은 당시 대한민국 청년의 전형이었다. 오필균은 중동에서 풍요로운 삶을 구가하는 사람들을 보고 많은 생각에 잠기게 된다.

석유도 나지 않는 나라에서 '무한동력' 찾기

오필균은 스스로에게 자주 물었다. 중동의 부유함이 석유 때문이라면 한국은 무엇으로 돈을 벌어 잘 살 수 있을까? 그런 물음에는 부러움과 선망, 질투와 한탄 등이 섞여 있었다. 어느 날 그는 공사를 위해 어떤 집의 보일러실에 들어갔다가 크고 육중한 보일러와 건물 바닥면 사이에 스프링을 설치해서 구동 시 나는 진동 소음을 없앤 것을 보게 된다. 그는 그걸 한동안 입을 다물지 못하고 바라보았다. 그 아이디어가 재미있어서 숙소로 돌아와 노트에 설계도를 상상해 바로 그려넣었다. 왜 하고 싶었는지는 자신도 정확히 알지 못했다. 아마도 기발하고 신기한 기계를 보면 도면으로 그려 상상해보는 일에 기쁨을 느꼈기 때문이리라. 오필균은 이 과정을 '상상화' 그리는 단계라고 불렀다.

그는 그렇게 무언가를 만드는 기쁨을 통해 이국에서 느낀 서러움을 이겨내고 싶었다. 그러다 보니 결론이 단순해졌다. '중동은 석유가 무한정 나오니 무한동력을 얻은 셈이다. 그렇다면 우리도 우리만의 무한동력이 있으면 되지 않을까?' 한번 운동하면 거의 무한히 움직일 수 있는 엔진을 만들어보자는 생각이 들었다. 물론 주변에는 아무 말도 하지 않았다. 당시의 오필균에게 대체에너지나 잠재에너지 같은 개념이 있을 턱이 없었다. 이것은 오로지 자신만의 구상이었다.

아버지의 거대한 방아

오필균은 중동에서 돌아오자마자 곧바로 무한동력 장치를 만드는 일에 착수했다. 청계천에 가서 베어링과 기어들을 사 모았다. 어떤 부품은 너무 커서 반으로 잘라 고향 신탄진으로 옮겨서 다시 붙이기도 했다. 어떤 부품은 20톤이 넘기도 했다. 그는 기중기를 이용해 그것들을 혼자 옮기고 만들었다.

그가 이런 무모한 작업에 착수할 수 있었던 것은 중동에서 타일 기술자로 생활하며 번 돈 덕분이었다. 하지만 가족들은 그가 도면만 새로 그리면 스트레스를 받아야 했다. 그건 말 그대로 돈을 길바닥에 버리는 일과 진배없었기 때문이다. 그를 곱지 않은 시선으로 바라본 건 비단 가족뿐만이 아니었다. 오랜 고향 이웃들 역시 그를 정신 나간 사람이라며 손가락질했다.

무한동력장치
오필균이 도전했던 상상의 기술 '무한동력장치'. 1998년 무한동력장치에 들어갈 거대한 휠을 설치하고 잔넬을 붙이는 모습이다. 오필균 제공.

물론 그가 비난을 받은 이유가 열역학 제1법칙을 무시한 '무한동력 장치'를 만들려 했기 때문은 아니었다. 대부분의 사람들은, 특히 그의 가족이나 이웃들은 그가 만들고자 하는 기계가 무언지 전혀 몰랐다. 동네 주민이 말했다. "방아지기 아들이라 커다란 방아를 세우려 하나 보네. 그런데 저걸 왜 동네 한복판에 세운담." 오필균은 그때서야 자신이 만든 무한동력 장치가 거대한 물레방아처럼 보인다는 것을 깨달았다. 그는 자신이 만드는 무한동력 장치 한가운데에 거대한 태극무늬를 새겨 넣었다. 아버지가 지게에 얹어 옮기던 2.5마력 모터 방아가 높이 6미터 가로 10미터가 넘는 오필균의 거대한 방아가 되어 있었다.

'무한동력 장치'가 아니라 '무동력 엔진'

사람들은 그가 만든 기계를 무한동력 장치라고 불렀지만, 그의 표현으로는 '무동력 엔진'이다. 이 부분에서 대중과 그 사이에 오해가 발생하는 만큼 조금 더 자세한 설명을 해야 할 것 같다. 그는 모든 힘과 에너지가 근거 없이 증가·소멸할 수 없다는 열역학 제1법칙을 거부하지 않았다. 에너지를 투입한 다음 추가 에너지 공급을 최소화하고 최대한 힘을 낼 수 있는 효율적인 기관을 설계하자는 것이 그의 생각이었다. '무한'과 '무'는 이렇게 차이가 난다. 기관의 효율성에 방점을 찍고 작업하다 보니, 자연 속에 존재하는 중력과 풍력을 최대한 같이 이용하는 반영구적인 운동기관을 만드는 일이 되어버렸다.

작업에 필요한 기술은 따로 배우기보다는 실패를 반복·보완하는 과정에서 자연스럽게 익혔다. 기계를 만드는 동안 용접과 목공, 건축에 대한 노하우를 많이 쌓았다. 이 글을 쓰기 위해 만났던 인터뷰 당일에도 그는 손수 빌딩 한 채를 짓고 있는 중이었다. 건축에 필요한 대개의 기술을 스스로 갖고 있었기에 가능한 일이었다. 무한동력의 상상력은 그가 전진할 수 있도록 만든 동기이지, 그것이 바로 가능하다는 망상이 아니었다. 무한동력 장치는 언제나 개발 중인 기계였다.

무한동력 장치 발명가를 자처하는 상당수의 사람들이 문제가 되는 것은 완성되지 않은 기계를 내놓고 거짓말을 하기 때문이다. 오필균은 그런 부류가 아니다. 그는 자신의 기계가 애초 만들고 싶었던 무동력 엔진에도 못 미치는 실패작임을 충분히 알고 있었고, 주변에도 그렇게 말해왔다. 환상의 무한동력 장치와 이상의 무동력 엔진, 현실의 고철 엔진 사이 어디쯤에 오필균의 자리가 있을 것이다. 그렇다면 그는 이상과 현실 사이에서 실패했고 동시에 성공했다고 말할 수 있지 않을까.

이후 기계가 서 있는 땅이 공유지라 불가피하게 기계를 철거할 수밖에 없었다. 이 독특한 기계를 기념 차원에서 대전광역시 대덕구청에 기증해도 좋겠다는 생각이 들었다. 그의 기계를 살펴본 사람들은 작동 여부보다는 거대한 구조물 속에 오밀조밀하게 구현한 기계적 짜임새가 아름답다고 평가한다. 무동력 엔진의 개발에는 실패했지만 기계 설계의 관점에서는 살펴보고 학습할 텍스트로 삼기에 충분하다. 이동설치비용 견적만 3,000만 원이 나왔다. 결국 돈을 마련할 길이 없어 포기하고 해체해버렸다. 기계는 고철 값으로 1,000만원을 받았다. 15년 동안 들였던 애정과 노력은 이제 사진으로만 남았다. 기계를 해체하는 날 그는 아이처럼 펑펑 울었다.

기계 해체돼 사라졌지만
인기 만화 모델

자신의 무모한 도전이 방송을 탄 후, 오필균은 의외의 방식으로 사람들에게 수용되기 시작했다. 드라마, 뮤지컬로도 제작된 인기 웹툰 〈신과 함께〉의 원작자 주호민 작가의 〈무한동력〉은 오필균 발명가를 모델로 그린 작품이다. 무한동력 장치를 만들려는 중년의 하숙집 아저씨와 별다른 꿈 없이 취업준비를 하는 젊은이들이 대비를 이루며, 꿈을 꾸는 행위로서 무한동력 장치를 해석했다. 최근에는 인디 다큐멘터리 팀이 와서 세상에서 가장 멋지게 실패한 작품으로 '무한동력 장치'를 취재해갔다. 불가능함을 알고도 도전하는 삶에서 작은 희망을 얻는다는 취지다.

물받이 분리형 화분 양변기
2010년 특허를 받은 '물받이 분리형 화분 양변기' 도면 중 하나.
윤주혜 작가 제공.

오필균은 이제 무한동력 장치를 더 이상 만들지 않는다. 대신 물 절약 효과뿐 아니라 심미적인 화장실 체험이 가능한 '물받이 분리형 화분양변기'(2010년 특허)를 만들었다. 거대한 기계보다는 이렇게 작지만 꼭 필요한 기능을 이웃들과 나누고 싶다는 생각이 들었기 때문이다. 괴짜 발명가로 알려지는 바람에 가려졌지만, 자동으로 조절되는 전기보일러, 막힌 곳을 뚫기 쉽게 개량한 양변기, 손쉽게 작동하는 간이 엘리베이터 등 생활과 밀접한 기계들 또한 꾸준히 만들어왔다. 물론 그 시작은 무한동력 장치였다.

철물점은 경험지經驗知의 학교

오필균은 철물점을 운영하고 있다. 이곳은 단지 물건을 사고파는 곳이 아니라 동네이웃들이 뭔가 만들고 싶은 것이 있을 때 자문을 구하고 토론하는 곳이다. 인터뷰를 준비하는 짧은 와중에도 세 명의 손님들이 찾아와 작업 방식과 그에 필요한 부품, 공구에 대해 자문을 구했다. 원래 철물상을 운영한 이유도 자신의 경험적 지식을 나눌 수 있는 장소로 운영되길 바라는 마음에서였다고 한다. 어깨너머로 배워왔던 것, 실패하면서 얻었던 여러 잡다한 노하우를 공유하고 싶었다. 옛날에는 동네마다 목수나 철물점이 있어, 이러한 경험지를 전수할 수 있었다.

훌륭한 학자 한 명이 죽으면 도서관 하나가 사라지는 것이라고 한다. 어디 학자뿐이랴. 유능한 기술자 한 명의 가치 또한 그에 못지않다. 안타까운 것은 우리 사회에 이렇게 사라지는 기술자들의 경험지를 집적할 만한 장치가 없다는 점이다. 역사에서 소외된 민중들의 구술사가 중요한 것처럼, 기술사에서 지역 기술자들의 경험지 역시 중요하다. 그들의 지식은 실전에서 찾아낸, 심미적·기술적 차원에서 가장 알맞은 방법이기 때문이다. 알맞음은 실패의 횟수와 비례해 얻어진다.

오필균은 남들과 다른 엉뚱한 상상력과 실행력을 가지고 있을 뿐 어느 곳에나 충분히 있을 동네 기술자다. 비록 오필균은 자신이 바라는 기계를 만들지 못했지만, 그 과정에서 그가 보여준 실패의 기록은 우리가 다시 음미할 대상이다. 에디슨은 전구를 만들기 위해 2,000번 실패했다. 오필균이 2,000번 실패했다면 성공했을 것이라는 말이 아니다. 어떤 프로젝트 앞에서 무한히 실패할 수 있는 능력이 뒷받침되지 않는다면 설사 에디슨일지라도 성공이 불가능하다는 말이다. 우리는 단 한 번도 실패하는 법을 배우지 못했다. 우리 사회가 도전을 찬양하면서도 실패를 경멸할 때, 오로지 독학만이 창조적으로 실패하는 방법을 알려준 것은 아닐까?

 오영진(문화평론가)

문학과
사회주의,
독학자들의
영원한
다리

어떤 더블, 마츠모토 세이초는
왜 임화 평전을 썼을까

일신이생一身二生이라는 말이 있다. 격변기엔 하나의 몸으로 두 삶을 살게
된다는 뜻이다. 그런데 내게는 하나의 인생을 둘이 나눠 산 것 같이 느껴
지는 이신일생二身一生의 두 사람이 있다. 일본의 사회파 추리소설가인 마
츠모토 세이초松本清張(1909~1992)와 근대 한국 문단의 풍운아 임화
(1908~1953)가 그들이다.

　두 사람은 한 살 차이지만 문단 이력이 정확히 엇갈린다. 한 사람이 끝
난 시간에서, 다른 한 사람이 시작했다. 전혀 연결될 것 같지 않은 두 인
물이 머릿속에서 함께 떠오른 이유는 마츠모토 세이초가 전후 체제의 끝

자락에서 느닷없이 출간한 추리소설 형식의 평전《북의 시인, 임화北の詩人》(中央公論社, 1964)[1] 때문이기도 하지만, 둘 모두 독학자였기 때문이기도 하다. 남과 북 모두에서 처절하게 버림받고 각각 1988년(남)과 2000년대 중반(북)까지 그 이름조차 거명될 수 없었던 구식민지의 한 시인이자 비평가의 삶을 그와는 일면식도 없는 바다 건너의 한 추리소설가가 심혈을 쏟아 써내려갔다. 어찌된 일인가?

전후 일본의 사회파 추리소설을 대표하는 마츠모토 세이초는 일본의 늦깎이 작가 지망생들의 모범이자 독학 문학도들의 희망이다. 마츠모토 세이초의 학교 교육은 소학교에서 멈췄다. 아쿠타가와 류노스케와 에도가와 란포가 좋았던 그는 1927년 인쇄소 견습공으로 들어갔고 그 즈음에 순문예와 사회주의와 추리소설을 동시에 접했다.

마쓰모토 세이초·임화
임화가 빛나던 시기 마쓰모토는 바닥에 있었고,
마쓰모토의 삶이 빛을 뿜기 시작한 시기 임화는 무덤을 향해 가고 있었다.

인쇄공으로 10년을 보낸 뒤 다시 15년을 아사히신문사 지국의 사원으로 일한 마츠모토가 〈어느 '고쿠라 일기' 전〉[2]으로 아쿠타가와 상을 받으며 본격적인 작품 활동을 시작한 것은 1952년이 되어서다. 거의 40대 중반에 접어드는 나이였다. 묘한 일이다. 왜냐하면 바로 그 시간은 '북의 시인' 임화가 한국전쟁 후의 남로당 숙청에 휘말려 사라진 시기였기 때문이다. 임화는 "민족반역행위자", "미군 첩보기관의 간첩", "반국가적 선전선동가", "공화국 주권을 파괴전복할 목적의 반란행위자"로 재판정에 섰고, 1953년 8월 총살되었다.[3] 일본어로 번역된 박헌영, 이승엽, 임화 '일당'의 공판기록을 본 마츠모토는 의문에 빠졌고, 이 수수께끼를 풀기 위해 《북의 시인》을 써내려갔다.

독학자 임화와 마츠모토 세이초의 삶의 굴곡은 정확히 반비례했다. 보성중학의 문제아 임화는 학교를 중퇴한 후 열아홉에 〈지구와 박테리아〉 등 다다이즘 시를 썼고, 스무 살에 카프KAPF(조선 프롤레타리아 예술가 동맹Korea Artista Proleta Federatio)의 지도자 박영희를 통해 사회주의 문학운동에 가담했고, 스물하나에 영화 〈유랑〉의 주역으로 활약하는 한편 자신의 대표 시 〈우리 오빠와 화로〉, 〈네거리의 순이〉와 같은 단편 서사시를 발표했다. 조숙하고 불량했던 천재, 모던보이, 운동가, 낭만적 혁명시인, 카프의 볼셰비키화를 이끈 서기장, 학예사 주간이었던 임화는 해방 후엔 남로당의 문화 담당 최고이론가로 우뚝 섰지만, 이내 가장 모욕적인 죄명으로 죽음을 맞았다.

임화가 빛나던 시기 마츠모토는 바닥에 있었고, 마츠모토의 삶이 빛을 뿜기 시작한 시기 임화는 무덤을 향해 가고 있었다. 그 둘의 시공간적 겹침이라고는 아마 마츠모토가 징집되어 용산에서 병영생활을 하던 때뿐이었을 터이다. 최초의 각성된 노동자는 식자공이라는 말이 있거니와, 어쨌든 이 둘은 레지 드브레가 말한 바, 활자계와 사회주의의 관련을 전형적으로 보여주는 사례일지 모른다.[4] 땀내 나는 수건을 두르고, 임화와 같은 문학가들이 써나갔던 문건을 활판에 심어가고 있었을 마츠모토 세이초. 1927년 다다이스트 임화와 인쇄공 마츠모토 세이초의 활자계 진입. 1953년 경성 모던보이 임화의 처형과 신예 작가 마츠모토 세이초의 도쿄 상경. 두 사회주의 문학가의 삶의 편린은 일종의 도플갱어적 장면이자 문화사적 사건에 해당한다.

현해탄의 안개와 북의 시인, 임화는 진짜 스파이였나

마츠모토가 소설과 논픽션들을 통해 보여준 정치적 입장은 그의 적이 누구였는지를 보면 분명해지는데, 그 적의 고발이야말로《북의 시인, 임화》를 쓴 동기였다. 단도직입적으로 말해, 마츠모토의 적은 늘 전전戰前 제국의 검은 세력들과 미국이었다. 양자는 공범인데, 다루어진 사건이나 시간에 따라 주범, 종범 관계는 매번 약간씩 다르다.《일본의 검은 안개》(1962)[5]나《쇼와사 발굴》(1964~1971) 시리즈를 통해 마츠모토가 전후 일본을 이 꼴로 만든, 연무에 가려진 적으로 '발굴'한 세력들은 다대하다. 암약을 넘어 활약 중인 뻔뻔한 구 제국 엘리트 그룹과 이들을 장기짝으로 사용하는 미 점령 당국이 그 대표 격. 미국은 매번 천황, 만주 군벌, 대륙의 업자들, 전시 관료 등을 재조직한 음모의 핵심으로 등장하며, 심지어 공산당을 비롯한 저항 세력에까지 그 영향력이 뻗어 있다. 사건의 시간적 뿌리는 멀리 제국 일본으로, 사건의 공간적 뿌리는 멀리 미국으로 유추되는데, 《북의 시인, 임화》에는 20세기 동아시아를 보는 마츠모토의 이와 같은 관점이 전형적으로 담겨 있다.

식민지 유산, 즉 카프 검속하의 전향과 폐병과 죽음의 공포 속에서 동료를 저버려야 했던 임화의 이력은 특고(경찰)에서 미군정으로 넘어간다(확실히 1934년 전주사건 때 카프 맹원 대부분이 검거와 투옥을 면치 못했음에도, 서기장 임화만이 홀로 사건에 연루되지 않았다는 사실은 오랜 수수께끼 중 하나다). 임화 자신은 "위장이라고 생각했다. 일본 경찰은 그를 굴복시켰다 여길지 모르지만, 이쪽은 배 속에서 혀를 날름거리고 있었다".

드디어 해방이 찾아왔고 임화는 인민을 위한 민족국가를 건설하는 최전선에 섰다. 하지만 일본이 빠져나간 자리에 미군이 왔고 주권뿐 아니라 어두운 기록들, 예컨대 전향 서약서까지 인수했다. 여전히 서울에 남아 미정보국CIC을 돕고 있던 고문 경찰 특고 사나이 경무와 야마다 경무보의 그림자는 CIC와 연결된 목사 언더우드로부터의 교회 소식지와 군정청 민정국 여론국장 설정식이 주는 폐병 특효의 '신약'이라는 형태로 계속 임화에게 배달된다. 미군정도, 동료들도, 심지어 남로당 수뇌부까지도 아무도 믿을 수 없다. 마츠모토는 정치적 원죄와 정치적 의지 사이에 교착된 임화의 심리적·정치적 정황을 일본 사회주의의 짝패이자 제국 일본의 원죄로 그려낸다.

그러니까 마츠모토는 독학에서 시작해 집단 최고의 이론가에 도달했던 임화를 죽음으로 몰고 간 불안과 공범들의 목록이야말로 한국, 일본, 동아시아 역사의 핵심 논제라 주장하고 있는 셈이다. 마츠모토로서는 전후 일본의 검은 안개들이 한반도에도 뻗어 있을 뿐 아니라, 한반도의 안

개란 다름 아닌 전전 일본의 어두운 그림자에서 기인했음을 보여주고 싶었던 게 아닐까. 현해탄 건너의 또 '다른' 신체 임화를 통해서 말이다.

독학자들의 숲, 문학의 사회주의

오오카 쇼헤이大岡昇平는 마쓰모토 소설의 '비뚤어짐'을 지적하며 그의 독학을 문제 삼았다. "성격과 경력에 잠재되어 있는 어떤 불행한 것에 동정을 금할 수 없지만 그 불행을 드러내는 방식을 보고 아주 위험한 작가라는 인상을 받았다"[6]는 것이다. 성격과 경력에 잠재되어 있는 어떤 불행한 것이란 필시 가난과 불운, 그리고 독학을 의미하는 것일 터이고, '아주 위험한 작가'란 특유의 음모론과 거대한 손들을 향해 가는 사회적 추리 방식이 지닌 대중적 설득력을 의미할 터이다. 항상 하층민이 아니라 엘리트가 범인이라는 추리, 어두운 연결을 가진 엘리트들 간의 협잡과 미일 수뇌부 '사이'의 음모, 꼭두각시들의 희생에 의해 묻혀버리는 흑막들, 제국 일본의 흑막들과 엘리트 지식인들의 타락과 분식粉飾에 대한 폭로 등의 모티프들을 생각할 때, 전혀 수긍이 안 가는 지적도 아니다. 하지만 이 얼마나 속되고 비열한 '독학자'에 대한 비평인가. 더구나 그게 현실이었다면? 여전히 현실이라면?

《점과 선》[7] 이래로 마츠모토는 거의 항상 '누가 최종 책임을 져야 하는가'라고 물었고, 그 책임 소재 추궁의 좌절을 통해 동아시아의 검은 손들을 뚜렷이 상기시켰다. 마츠모토는 문학적으로는 사건들의 점과 선을 이어 면을 만든다는 귀납적 발상을 앞세웠지만, 정치적으로는 면面(전체 판)을 먼저 상상하고 그에 맞춰 흩어진 점과 선을 잇는 식의 연역적 태도를 취했다. 개인악(형사법적 죄)과 사회악(정치적 죄) 양쪽으로 추급해 들어갔던 것이다. 근본악과 형이상을 문제 삼는 '순문예'로부터 멀어진 독학자 마츠모토로서는 눈치 볼 게 없었다. 적은 유구하고 크지만, 또한 확실하다. 다만 주권 권력 혹은 경제 권력 뒤에 있거나 그 자체여서 잡지 못할 뿐이다. 오히려 이렇게 뿌리와 머리를 동시에 흔드는 가차 없는 사회 비판이야말로 마츠모토의 개인적 '불행', 즉 독학자로의 '운명과 성격'에서 말미암은 것이 아닐까?

마츠모토 세이초가 묘파한 임화의 과오, 아니 그가 추리한 임화의 죄의 근원은 실은 일본의 한국 지배와 미국의 아시아 점령이었다. 예컨대 《북의 시인, 임화》는 정확히 《일본의 검은 안개》의 한 에피소드인 〈혁명을 팔아먹은 남자, 이토 리츠〉와 쌍을 이룬다. 전후 공산주의 운동이 전

《북의 시인 임화》
임화가 미군정에 포섭되었다고 묘사한 마쓰모토 세이초의 추리소설 《북의 시인, 임화》.

전戰前의 전향과 훼절이라는 원죄 때문에 다시 미군정GHQ에의 협력이라는 막다른 길로 내동댕이쳐졌다는 역사적 의제 설정, 그리고 저 시대의 유산이 환부가 덧나듯 다시 이 시대에 도져 나와 혁명가의 얼굴을 한 미제 스파이들이 만들어냈다는 식의 추리 방식은 전형적인 마츠모토식 세계관의 하나였다. 죄의 최종심급은 개인의 악덕이 아니라 사회적 편제이며 그 편제는 질 나쁜 역사의 계통발생을 저지하지 못한 우리 시대의 피치 못할 결과다. 지구적 규모의 악이 개인의 약함과 구조적 상동성을 이루는 순간, 과거의 부채가 약한 현재에 변제를 요구하는 순간, 하나의 범죄와 그에 대한 추리는 동시에 완성된다.

거짓된 평화로의 복귀에 대한 반발이었던 1960년대 초 일본의 안보투쟁, 전후의 혼란과 쿠데타 속에서 제국 일본의 체제로 복귀하고 있던 한국, 게다가 양자 간의 '협약/밀약' 분위기 등을 생각할 때, 이러한 상황을 견인하고 조정하는 힘으로서 미국의 존재를 '추리'해내는 면面의 사고 혹은 판을 꿰뚫는 마츠모토식 발상이란 실로 강력하고도 인화성 높은 것이었음에 틀림없다. 불운과 가난이 낳은 소악小惡보다는 역사와 구조가 낳은 대악大惡이 그의 주제였다. 그 한 사례가 마츠모토 세이초의 《북의 시인, 임화》였다.

불구대천의 구식민지와 옛 식민본국, 그러나 지금은 함께 미국의 한 손아귀에서 압착되어버린 후기 식민지와 신식민지의 시간을 관통하며 두 작가가 오직 글로써 만난다. 마츠모토와 임화는 "성격과 경력에 잠재되어 있는 어떤 불행한 것"들 사이에서 공명하는 한편, 아시아 그리고 세계사적 규모의 악의 고리들 사이에서 이어지고 있었던 셈이다. 그래서 마츠모토는 그토록 스파이로 말려들어가는 임화의 심리적 정황과 정치적 정황을 동시에 주목했던 게 아닐까.

왜 문학과 독학을 함께 말하는가. 왜 독학으로서의 문학을 지금 다시 이야기해야 하는가. 공유재로서의 활자가 '공유라는 가치'에의 주장을 창출해낸 역사야말로 20세기 한국과 일본의 문학사였기 때문이다. 테리 이글턴은 "(영)문학은 문자 그대로 가난한 자들의 고전이었고, 사립학교와 명문 대학이라는 매력적인 영역들을 넘보지 못하는 사람들에게 싸구려 '일반교양' 교육을 제공하는 한 방식이었다"[8]고 쓴 바 있다.

20세기, 싸구려 교양에 불과했던 문학은 가난한 자, 독학자들의 '읽기'를 만나면서 형질 변환의 변곡점을 맞게 된다. 혁명의 진지를 문학이 대리하는 일이 세계 곳곳에서 벌어졌고, 문학을 통해 사회운동으로 진입한 독학자들이 허다하게 생겨났다. 근대적 공공 미디어로서의 문학, 나아가 활자야말로 사회주의의 진지이자 공유에의 요구 그 자체였던 것이다. 임화도 마츠모토도 바로 그런 무수한 독학 문학자, 독학 사회주의자들 중하나였다. 혼자 읽어가던 그들이 쓰기 시작할 때, 하나하나의 독학들은 식자공의 땀을 거쳐 집단지성의 운동으로 옮아갔다. 문학의 사회주의, 어쩌면 문학 자체가 독학자들을 잇는 사회주의의 한 형태였을지 모른다. 이 유산을 지금 여기서 재점화할 수만 있다면, 그 미디어가 무엇이든 그것은 문학의 딸과 아들이다.

황호덕(문학평론가·성균관대 교수)

우리의 앎은
돌이킬 수 없이
연루되어
있다

열사烈士와 독학자

불에 휩싸인 채 "우리는 기계가 아니다, 근로기준법을 준수하라"고 외치
기 전, 전태일은 글을 썼다. 그가 자신의 몸에 불을 댕겨야 했던 것은 인
간다운 삶에 대한 요구 때문이었지만 그때 요구했던 '삶'이란 참혹한 노
동 실태에 대한 시정조치만은 아니었다. 인간다운 삶이라는 가치에 대한
열망이 이미 자신이 몸속에서 타오르고 있었다. 전태일은 오랫동안 읽고
쓰는 일을 게을리하지 않았다. 그가 남긴 대학노트 일곱 권엔 일기와 어
린 시절을 회상한 수기, 친구들에게 쓴 편지, 미완의 소설, 노동청에 보낼
진정서, 사업 계획서, 평화시장 노동자들의 근무 실태 조사를 위한 설문
지 등이 빼곡하게 기록되어 있었다.[1]

누군가에게 보이거나 글로써 어떤 효과를 낼 수 있을 거라는 기대 없이 그는 그저 썼다. 읽은 것들을 이해하기 위해 다시 썼다. 그렇게 알게 된 것을 평화시장의 동료 노동자들과 동생에게 열띠게 설명했다. 가끔은 잠자고 있던 어머니를 깨워 다급하게 알렸다. 전태일의 분신이 한국 노동운동사의 결정적인 사건이었다는 것은 널리 알려져 있지만 그가 허락되지 않은 환경 속에서 읽고 쓰는 일을 게을리하지 않았던 노동자라는 사실에 대한 기억은 그리 선명하지 못하다. 전태일은 노동자들의 고통을 사회에 알리고 호소하는 데 전력했던 '투사'이기 이전에 당대의 사회가 은폐하고 있던 구조를 노동 현장에서 예민하게 탐침하며 노동자의 언어로 구체화해갔던 유례없는 '독학자'였다.

전태일이 분신했던 1970년 11월 13일은 '노동자 전태일'이라는 이름이 한국사회의 구성원 모두에게 지워지지 않는 그을음으로 남은 날이다. 그는 왜 '분신'이라는 결단을 내렸던 것일까. 열악하고 위험한 노동환경 개선 요구를 평화시장 업주들과 구청, 노동청에 수차례 했으나 번번이 묵살되는 경험 속에서 노동자의 말이 그 어디에도 가닿을 수 없음을 알게 되었을 것이다. 밤을 새워 일하다 피를 토하며 쓰러진 어린 여공들의 참상을 보며 스스로의 힘으로 이 열악한 노동조건을 바꾸어야겠다는 결심도 했을 것이다. 노동자들이 인간답게 살 수 없다면 국가와 자본이 공모하고 있는 이 썩은 세상에 '육탄'으로라도 저항해야겠다는 단단한 결의도 품었을 것이다. 결정적으로 그의 아버지로부터 노동자들의 권리가 법으로 보장되어 있다는 '근로기준법'에 대한 이야기를 듣게 되었고 어머니가 이웃에 빚을 내어 사준 《근로기준법 해설서》를 닳도록 읽으며 새로운 희망과 확신도 가지게 되었을 것이다. 전태일의 분신은 이 모든 과정과 계

획이 좌절되었기 때문에 행한 극단적인 선택이 아니라 그 과정에서 '돌이
킬 수 없이 알아버렸기 때문'에 수행한 것이라고 해야 옳다.

돌이킬 수 없는 앎의 경험

전태일의 '분신'은 '돌이킬 수 없는 앎'의 증언이다. 그동안은 전태일의
분신을 당대 노동자들의 참상을 충격적인 방식으로 고발한 사건으로 기
억해왔지만 스스로의 능력을 깨닫고 구체적인 실천을 통해 '자기 해방'으
로 나아간 한 노동자의 앎의 궤적을 선명하게 각인시켰다는 점 또한 기억
해야 한다. 전태일에게 '노동열사'의 자리만이 아니라 읽고 쓰는 행위 속
에서 무언가를 '알아버렸기 때문에' 그 행위를 멈출 수 없었던 '독학자'라

〈아름다운 청년 전태일〉
시민모금으로 1995년 개봉한 영화 〈아름다운 청년 전태일〉의 한 장면.
영화에선 법전을 들고 분신하는 것으로 나왔지만, 실제로는 불타고 있는 전태일에게
삼동친목회 회원이 근로기준법 책을 던졌다고 한다.

는 자리 또한 마련해두어야 한다.

전태일의 분신은 자신의 몸을 불태움으로써 평화시장의 노동자들에게 그 어떤 자리도 허락하지 않았던 이 세상에 그가 새긴, 돌이킬 수 없는 '마지막 문장'이자 노동자들로 하여금 글을 쓰도록 만든 도화선이 된 '첫 문장'이었다. 근로기준법과 함께 불태우면서 그가 썼던 것은 '인간 선언'이었다. 전태일의 인간 선언은 노동자들의 참혹한 실태 고발에서 멈추었던 게 아니라 인간답게 살 수 있는 정당한 권리를 요구했다. 그건 기왕의 노동자에게 할애되었던 자리(몫)가 아닌 다른 자리에 대한 요구이면서 동시에 제한된 노동자의 정체성을 벗어난 욕망을 표출하는 행위이기도 했다. 전태일의 분신이라는 발화점은 '평등이 도달해야 할 목표가 아니라 전제하고 입증해야 하는 출발점'(자크 랑시에르)임을 증명하는 것이었다.[2] 무엇보다 읽고 쓰는 행위 속에서 알아버렸기에 알기 전으로 돌아갈 수 없었던 이가 자신의 힘으로 편재해 있던 세계의 질서를 다른 것으로 바꿔 쓰는 행위였다.

전태일이 일곱 권의 대학노트에 쓴 글에 주목해보자. 그가 남긴 글의 내용만큼이나 눈에 띄는 것은 글의 종류가 다양하다는 데 있다. 전태일의 유서로 알려졌던 친구에게 보낸 편지는 1970년 4월 초에 썼던 소설 초안의 일부였다. 뿐만 아니라 그의 노트엔 대통령과 근로감독관에게 썼지만 보내지 않은 노동환경 개선을 위한 진정서, 1967년부터 기록된 일기와 수기, 일기 속에 옮겨 적은 애송시와 직접 쓴 시, 사업 설립 계획서, 근로조건 실태조사 설문지, 평화시장 재단사 모임인 '바보회'의 회칙과 회의록에 이르기까지 다양한 글들이 꼼꼼하게 기록되어 있었다.

글의 완성도를 따지기에 앞서 전태일이 이토록 다양한 형식을 글을 썼던 이유에 대해 먼저 물어야 한다. 어지럽게 뒤섞여 있는 탓에 일관된 형식을 갖추지 못하고 두서없는 것처럼 보이는 이 다양한 글들은 오랫동안 노동자들의 글쓰기를 규정해온 '미성숙함' 때문이 아니다. 전태일이 경험한 '앎의 지평'이 기존의 것과 달랐음을 의미한다. 조영래가 쓴 《전태일 평전》에 따르면 전태일은 밤을 새워 근로기준법을 읽으며 현장에서 필요한 사항을 적었고 그때의 기록이 훗날 진정서와 근로조건에 관한 앙케트 작업을 할 때 실질적인 도움이 되었다고 한다.[3] 여공의 각혈로 각인되어 있는 평화시장이라는 '노동 현장'과 노동자들의 권리를 명문화한 '근로기준법'은 전태일의 앎의 지평에서 같은 선상에 놓여 있었던 것이다.

그에게 '앎'이란 '근로기준법'이라는 공식화된 활자를 이해하는 것에만 있었던 것이 아니라 평화시장이라는 '삶'의 현장에도 편재遍在해 있었다. 바로 그 사실을 알아버렸기에 '앎'과 '삶' 사이를 가로막고 있는 현실의 장벽을 온몸으로 밀고 나가고자 했던 것이다.

수평적인 앎의 연대기:
응답과 증언

쓰면서 더 명징해져갔을 '앎'이란 어떤 모습이었을까. 그의 노트를 더 자세히 읽어보기로 하자. 67년 2월에서 3월경까지의 기록은 그날그날 있었던 일들과 읽었던 글들 및 감정의 편린을 남겨둔 일기였던 데 반해 어린 시절부터 현재에 이르기까지의 여정을 기록한 69년도부터의 수기는 글쓰기를 통해 자신의 삶 전체를 돌아보고 재구성하려는 시도로 읽을 수 있다.

표면적으로 개인사처럼 보이지만 이 수기가 소설의 형태를 취하고 있는 것은 조영래의 언급처럼 불우했던 그의 과거가 고통 받고 있는 노동자들의 역사이기도 했기 때문이다. 전태일이 남긴 몇 편의 소설 초안들 또한 삶의 총체성을 규명하기 위한 지적 모색으로 읽을 수 있다. 평화시장의 현실과 사회 전체의 현실이 연결되어 있다는 자각보다 더 앞서 있었던 것은 "이 민중의 역사를 기록해두고 싶은 충동"(조영래,《전태일 평전》, 200쪽)이었을 것이다.

전태일에게 소설 쓰기는 훼손된 삶을 복원하려는 시도이자 고통 받고 있는 이들의 역사를 기록하고자 하는 의지의 발현이기도 하다. 쓸 수 없는 환경에서 한사코 쓰려고 했던 의지는 앎을 통한 자기 해방의 실천이자

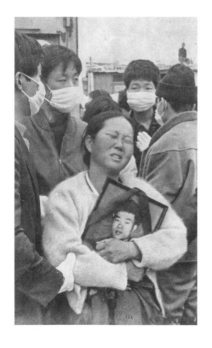

이소선 여사
전태일의 영정을 안고 오열하는
이소선 여사와 조문객들.
전태일재단 제공.

고통 받는 이들의 역사에 관한 증언이었다.

그 미완의 증언 곁에 조영래의 《전태일 평전》이 놓여 있다. 전태일의 글과 말은 조영래의 증언(글쓰기)에 의해 뼈와 살을 얻는다. 《전태일 평전》은 불타 사라져버린 그 증언을 복원하고 말할 수 없었던 그에게 말을 되돌려주기 위한 것이었다. 《전태일 평전》에서 주목해야 할 부분은 전태일이라는 유례가 없는 인물의 기념화가 아니라 전태일의 말이 복원되는 과정이다.[4] 그건 단순한 복원이 아니라 응답을 통한 복원이었으며 증언에 의한 복원이었다.

그런 이유로 《전태일 평전》에는 전태일과 조영래의 목소리가 겹쳐 있다. 《전태일 평전》이 이토록 오랫동안 두루 읽히고 압도적인 영향력을 끼쳐온 것은 외침과 응답, 고발과 증언이라는 복수의 목소리가 만들어내는 파동 때문일 것이다. 이 파동은 이후 오랜 시간 동안 수많은 노동자들의 글쓰기로 이어져오고 있다. 스스로 해방된 이가 또 다른 이의 해방을 돕는 것처럼 어떤 이의 앎이 다른 이의 앎을 깨우고 일으켜 세운다. 불에 휩싸여 사라져버린 전태일의 마지막 외침을 첫 문장으로 하는 노동자들의 글쓰기 연쇄는 응답과 증언이라는 수평적인 앎을 향한 수행성이 서로에게 물들어간 연대기라고 바꿔 말할 수 있다.[5]

많은 이들에게 부채감을 느끼게 했던 "대학생 친구 하나만 있으면 좋겠다"던 전태일의 바람 또한 자신보다 더 많이 배운 이로부터 도움을 구하기 위해서가 아니라 '대화'할 수 있는 친구가 필요했기 때문이었을 것이다. 앎이 위계화되어 있는 세상에서 그는 앎의 수평적 교류(친구)를 욕망했다. 전태일은 그 욕망을 "서로가 다 용해되어 있는 상태"라고 표현했다. "덩어리가 없다면 부스러기도 없을 것"이라는 친구 원섭에게 보낸 편지의 한 대목은 완고하게 구축되어 있는 앎과 무지, 우월한 지능과 열등한 지능, 지배계층과 피지배계층의 분할에 대한 '부정이자 거부'다.

전태일이 스스로를 "그대들의 전체의 일부인 나"라고 명명했다는 점 또한 주목해야 한다. 그가 남긴 글 곳곳에서 발견할 수 있는 "나의 전체의 일부인 너", "너는 나의 나다"와 같은 표현은 서로가 서로의 일부로 교차되고 겹쳐 있음을 함축한다.[6] 스스로의 힘으로 돌이킬 수 없는 앎의 영역으로 나아갔던 전태일의 지적 행보와 분신에 이르는 실천의 궤적은 '완전한 부정과 완전한 거부'(조영래)의 방식을 취하고 있었지만, 그가 도달하고자 했던 곳은 세상과의 대립이 아닌 서로가 서로에게 연루된 상태로 기대어 있는 '함께-있음'의 자리였다.

전태일
평화시장 한미사 동료들과 함께 한 전태일(오른쪽 끝).
전태일재단 제공.

독학자:
아무도 아니면서 모두인 이름

전태일의 분신은 스스로의 능력으로 세계를 알아버린 이가 온몸으로 그 세계를 바꿔 쓰는 행위였다. 활자가 아닌 몸으로 쓴 문장은 이내 검게 타버렸지만 분신이라는 발화점에서 우리는 '전태일'의 이름만이 아니라 배제되고 몫이 없던 '노동자'라는 이름 또한 구제되었음을 알고 있다. 불탄 것은 전태일의 육신이 아니라 노동자들을 기계로 간주하던 국가와 자본에 독점되어왔던 앎의 구조였다. 전태일과 그 곁에서 응답과 증언을 이어온 수평적 앎의 연대기에 의해 성립된 문장을 여기에 옮겨 적는다.

'독학자는 불타오르는 사람이다.' 체계적인 기록을 남길 수는 없을지라도 독학자는 '불'이 아닌 '타오름'이라는 '내재된 힘'을 발명하는 이다. 독학자라는 이름엔 소유권이 없다. 분할된 몫의 자리를 불태우며 '서로가 용해되어 있는 상태'를 향해 나아가는 이들. 독학자는 아무 것도 아니면서 동시에 모든 것일 수 있는 익명의 자리로 향한다. 전태일의 '인간 선언'은 이름이 없는 이들의 익명성으로부터 발화한 것이었다. 전태일이 몸을 불사르며 쓴 그을린 문장을 읽어버린 이들은 1970년 11월 13일 이전으로 돌아갈 수 없다. 스스로의 힘으로 '타오름'이라는 내재된 힘을 발견한 이들에겐 전태일의 그을린 문장이 분신처럼 남아 있기 때문이다. 독학자 전태일은 아무도 아니면서 모두인 공통의 이름이다.

김대성(문학평론가)

밀항자의
예술지도

소는 누가 키우나

한국의 근대회화에서 '소'는 중요한 모티프 가운데 하나였다. 회화의 영
역만 해도 많은 작가들이 '소'를 그렸고, 이 때문에 '소'는 한국적·민족적
표상으로 간주되었다. 특히 이중섭의 '소' 연작은 한국적·민족적 정서의
강렬함을 대표하는 작업으로 알려져 있다. 이런 사정을 보면 '소'와 한국
인 사이의 관계는 단순히 '가-축'의 구도를 넘어선다고 해야 옳다. 조선
의 토지와 쌀에 대한 대대적인 수탈과 착취가 이루어지던 시기에도 사람
들과 고통을 함께해왔으며 해방과 한국전쟁 그리고 현재에 이르기까지
항상 곁에 있었기 때문이다. 흥미로운 것은 이 '소'가 대체로 정착의 이미
지로 이해되는 경향이 있다는 점이다. 하지만 한국의 근현대사를 보더라

도 전통적인 마을 공동체의 붕괴가 멈춰진 적이 없었다. 그런 점에서 '소'는 유랑과 이민의 이미지라고 볼 수도 있다.

가령 이중섭 후기 작업에서 '소'는 민족이나 전통의 표상으로 나타나지 않는다.[1] 〈남쪽 나라를 향하여〉(1954)[2]에서 아내와 아이들을 달구지에 태워 끌고 가는 남자와 소는 유쾌하고 즐거운 분위기를 자아내지만, 그 가족들이 어딘가에 정착할 수 있다는 느낌을 주지는 않는다. 그런 점에서 초기부터 강렬한 색채로 힘차게 그려진 '소'가 무언가를 표상한다면 국가나 민족과 같은 표상이 아니라 유랑을 떠나는 데 필요했던 '근육'이었는지 모른다. 달리 말해, 한국적인 것이란 정착과 토착에서 연원하는 게 아니라 실은 유랑과 이민이야말로 한국사회를 구성하는 중핵이라는 것이다.

일제 강점기부터 해방, 한국전쟁, 산업화와 도시화 그리고 그 와중에 이루어진 (재)개발의 과정에서 대규모 엑소더스는 피할 수 없었다. 한국사회의 역사적·현실적 경험들은 자발적 이주일 수 없고 피난과 추방에 가까운 경험이었다. '젠트리피케이션'이나 '조물주 대신 건물주', '헬조선'이라는 풍자적 표현이 암시하는 것도 그런 위기에 언제든지 사람들의 삶이 내몰릴 수 있음을 보여주는 것일 터이다. 이는 기존의 가치체계나 관습에 의존해서 삶을 꾸려가거나 일구는 것이 무척 어려울 뿐만 아니라 급박한 현실에 대응하고 적응하기 위해 '독학'으로 다른 삶을 상상하거나 구성해야 한다는 것을 의미한다.

학력과 예술

실제로 한국의 예술가들 가운데는 대학을 진학하지 않고 대가의 반열에 오른 사람들이 심심찮게 발견된다. 제도교육의 코스를 밟지 않더라도, '그리기'는 누구에게나 열려 있는 것이고 정규 과정의 훈련을 통해서 그려진 작업에 비해 훨씬 풍부한 조형성을 담보할 수 있기 때문인지 모른다. 가령 일제 강점기의 경우 유학파나 국내파와 달리 독학파가 예술의 한 축을 형성하고 있었다. 한국인이 사랑한다는 박수근 역시 보통학교만 마치고 그림을 그렸고 가세가 기울어 학업을 포기해야 했던 정현웅은 서양화뿐만 아니라 간판, 출판미술 등으로 영역을 확대한 작가이기도 했다. 심지어 수녀원 보일러공으로 지내던 오우암 작가는 오십이 되어 독학

조양규의 〈목동〉(1954)
이 작품에서 '소'(=목동)는 전쟁과 냉전의 폭력이 가로지르는 동아시아 질서에서
누구도 가르쳐주지 않는 삶의 방도를 스스로 궁리할 수밖에 없음을 감지했던 것으로 여겨진다.

으로 그림을 시작했으니, 예술적 장에서 독학자는 끊이질 않았다.

 그런 점에서 한국의 근현대 예술사에서도 추방 혹은 난민의 경로와 독학의 경험이 완전히 분리되기 어려운 것일지 모른다. 이를테면 이중섭의 〈남쪽 나라를 향하여〉가 그려진 시기에 제작된 또 다른 '소' 그림에서 추방과 독학의 사정을 살펴볼 수 있다. 〈목동〉(1954)[3]이 그러하다. 이 그림은 추방된 자 혹은 난민이었던 조양규라는 인물이 일본에서 '조국' 혹은 '고향'을 상상하며 그린 것이다. 그런데 그림에서 한 몸처럼 보이는 목동과 소는 평화로운 풍경 속에 있는 것처럼 보이지 않는다. 목동=소는 눈을 질끈 감고 있을 뿐만 아니라, 고개를 푹 꺾은 채 한숨 속에 가라앉아 있는 것처럼 여겨진다. 조양규가 남긴 기록에 따르면, 그는 "그리는 쪽의 인간의 사상이나 감정도 품을 수 있는 시점"[4], 곧 고향으로부터 추방된 자의 위치를 목동=소로 표현하고자 했다. 그러니까 조양규의 〈목동〉은 한국사회로부터 추방된 자에 의해 그려진 '목동=소'이자 '추방된 목동=소'가 캔버스의 바깥세계를 슬픈 정조로 바라보는 그림이다. 눈을 질끈 감은 채! 불가능한 시점을 모색한 것이라고나 할까?

해방 청년의 좌절

한국 미술사가 '독학파'의 관점으로 '역사화'될 수 있다는 것은 시사하는 바가 크다. 독학자들은 체계화된 계보나 흐름이 아니라 다른 이력과 맥락을 갖기 때문에 기존의 역사적 인식이나 서술과는 다른 시야를 요청한다. 조양규가 그러하다.

 조양규(1928. 12. 15~?)는 진주가 본적이고 합천에서 태어났다. 합천

조양규

《조양규 화집》(미술출판사, 1960)의 뒤편 책날개에 실려 있는 사진. 사진 뒤에 보이는 작품은 〈가면을 벗어라〉로, 일본에서 마지막으로 남긴 대작이다. 4·19를 모티프로 하여 마산에서 일어난 항쟁을 다룬 작품으로 김주열로 보이는 시신을 둘러싼 시민들과 방독면을 쓰고 총을 든 군인들의 대비가 선명하다.

제일초등학교를 마치고 1942년 4월 10일 진주사범학교 심상과에 입학하여 해방 후인 1946년 7월 15일 졸업한다. 그의 나이 열일곱이었다. 초등교원 양성이 목적인 학교였으나 신통치 않은 성적으로 보아 일본인 교사 밑에서 성실하게 제도화된 공부를 한 것으로 보이지 않는다. 어쩌면 성실한 공부 자체가 맞지 않았던 것이었을 수 있다. 3학년 무렵 학적부 특기 사항에 '미술에 열심'이라고 기재되어 있는 것으로 보아 그가 서서히 미술에 적극적인 관심을 두기 시작한 것은 열여섯 무렵으로 추측된다.

조양규는 데생과 스케치에 열심이었지만 그림 공부를 이어갈 수 없었다. 해방은 이 청년에게 탐구의 시간을 허락하지 않았다. 남로당 활동은 그를 도망자로 만들고 만다. 하지만 그가 남로당의 이념 노선에 완전히 경도된 것은 아니었다. 그가 남긴 수기에 따르면, 남로당 활동은 '존경하는 선배' 혹은 '존경할 만한 선배'가 있었기 때문이다. 그의 이러한 태도는 이념과 사상에 일정한 거리를 갖도록 만든 것이기도 했다. 피신해 있던 남해의 어느 섬으로까지 무장경관이 잡으러 오는 바람에 동창생들이 교사로 있었던 부산 토성국민학교 양호실에서 기거를 하게 되지만, 남한 단독정부가 수립되면서 그는 더 이상 남한에 존재할 수 없게 된다. 조양규는 1948년 여름 무렵, 마산이나 부산 혹은 남해안 어딘가에서 밀항선에 오른다.[5]

'조선전쟁', 일본 근대미술사의 중핵 그리고 북송선

구사일생으로 도쿄의 에다가와초에 도착하여 가까스로 정착한 후 조양규는 당시 가장 강력한 정치세력인 일본공산당과 연합 전선을 구축했던 재일조선인 공산당 세력의 독려에도 불구하고 당 가입을 거부한다. 그가 남긴 증언에 따르면, 당시 일본에 존경할 만한 사람이 없었기 때문이었다. 도그마화된 가치나 경직된 분위기, 다분히 강제적인 방식의 당 가입 권유가 그로 하여금 공산당에 가입할 수 없도록 만든 원인이었다. 당시에는 공산당 가입 확인만 되면 취업이 매우 용이했다. 항구의 창고에서 하역 노동자로 생계를 유지해야 했던 그로서는 뿌리치기 어려운 유혹이었을 터이다. 그럼에도 거부한 것은 다른 길을 궁구하는 일이 필요하다는 판단 때문으로 보인다.

조양규는 남한에서 하지 못한 그림 공부를 이어가고자 무사시노대학에 입학한다. 이 시기 학적부가 남아 있지 않아 확인이 되지 않지만 아마 야간에 개설된 학부에서 공부를 했거나 주말에 특별히 개설되는 과정에 등록해 그림을 배우고자 했을 가능성이 크다. 물론 이도 여의치 않아 2년 만에 중단하는데, 생존의 문제에서 기인했다기보다 일본의 아카데미 안에서 그가 배울 수 있는 것이 없었기 때문이었을 가능성이 더 커 보인다. 왜냐하면 1950년대 일본의 화단은 다분히 현실과 생활을 '추상적'으로 그리려는 경향이 지배적이었던 데 반해, 조양규는 '생활'과 '현실'을 그리는 일이 무엇보다 중요하다고 여겼던 탓이다. 그는 수기에서 이를 '랑그(문법, 도그마)가 아니라 빠롤(생활, 삶)'을 그려야 하는 것이라고 표현하기도 했다.

이 시기 '조선전쟁'을 통해 경제 부흥의 발판을 마련한 일본사회는 풍요를 구가할 수 있게 되었지만, 하층민들은 이 풍요의 거울로 인해 존재 자체가 지워지고 있었다. 풍요로움 때문이었을까. 당시 일본 화단의 주

조양규
북송선을 타기 전,
일본의 잡지(《예술신조》 1960년 10월호)에 실린 조양규.
화기엄금 표시가 된 것으로 보아, 창고 근처에서
촬영한 것으로 보인다. 조양규의 화집이 남아 있지만
아직 확인되지 않은 작품들이 있으며
그의 이력 때문에 작업 전모는 여전히
확보되지 않고 있다.

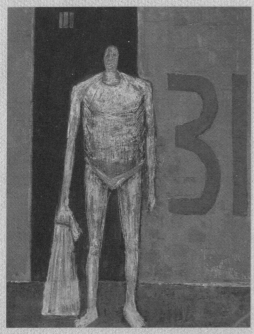

조양규의 〈31번 창고〉
(캔버스에 유채, 65,2×53, 광주시립미술관 소장, 1955)
창고 연작과 맨홀 연작은 일본의 자본주의 체제에 대한 탐색이자 아시아의 냉전에 대한
비판적 시선이 내재되어 있는 작업이다. 창고란 상품이 적재되는 공간으로서 일본이 한국전쟁을 통해
부흥을 이룬 계기로 포착된 것이었으며, 맨홀은 그 과정에서 휩쓸려 버린 존재들이
힘겹게 생존하는 공간이라고 할 수 있다.

류로 자리하고 있던 리얼리즘은 현실보다 구조에 더 관심을 기울임으로써 현실을 지워버리는 방식의 화풍이 압도적이었다. 반면 조양규는 그림을 통해 추상적 구조를 드러내는 데 주력했다. 이는 일본에서 '조선전쟁' 소식을 듣고 그린 〈조선에 평화를!〉에서부터 창고 노동자로 생활한 경험을 경유하면서 그리게 된 창고 연작, 맨홀 연작들에서 두드러진다. 조양규의 작업은 당대 일본 화단의 분위기에 함몰되지 않고 오히려 일본 화단을 비판적으로 극복하는 위치에 서 있었다.

1960년 10월, 몇몇 지인들의 만류에도 불구하고 그는 북송선을 타기로 결심한다. 북한에 도착한 이후 그는 중요한 작가로 인식되어 북한의 공식

조양규의 '속사'
북한에 간 직후 《조선미술》
1961년 1월호에 실린 조양규의 사진과
그의 '속사'(스케치의 북한식 표현으로 여겨진다)로
그려진 서평양 건설 현장. 북한으로 간 뒤
조양규는 환영을 받은 것으로 보이지만,
일본에서 보여주었던 긴장은
더 이상 캔버스에서 나타나지 않는다.
김일성 일인체제가 구축된 후 '속사'를 통한
탐구 외엔 다른 길을 모색하는 것이
차단당하면서 일어난 일일 것으로
짐작될 따름이다.

적인 미술잡지였던 《조선미술》에 창작원리와 관련한 글을 1967년 2월까지 싣는다.[6] 북한에 도착한 이후 체코슬로바키아로 1년 유학을 떠났다가 돌아왔다고 하지만, 이에 대해선 확인되는 바가 없다. 주체사상이 등장하고 김일성 유일체제가 완성되면서, 1967년 이후 조양규의 이름은 공식적인 명단에서 더 이상 발견되지 않는다. 여러 가지 설이 있지만 남로당 활동 경력이나 일본 내에서 공산당 가입 회피, 공식 창작원리에 반하는 창작 형식 고수 등의 이유로 숙청을 피할 수 없었을 것이라 추측된다.

'사이'에서의 삶과 예술

재팬 머니를 통해 문화적 자긍심을 수출하고자 했던 일본이 파리에서 개최했던 일본의 근현대미술 전시에서 프랑스인 큐레이터에 의해 조양규가 포함된 것이나 도쿄에 있는 국립근대미술관에서 발간한 전시도록에 조양규가 다른 작가와 달리 무려 두 페이지에 걸쳐 소개된 것만 보더라도 일본의 근현대미술사에서 조양규의 위상이 어느 정도인지를 확인할 수 있다. 조양규가 이런 성취를 얻을 수 있었던 것은 이념적 창작원리나 아카데미의 제작 방식과 거리를 두었기 때문이다. 그의 대표작이라 할 수 있는 맨홀 연작은 당대 일본 화단의 그 누구보다도 일본사회의 현실을 정직하게 직시하면서 길어 올린 걸작이다.

그는 1960년 4·19 소식을 듣고 〈가면을 벗어라!〉를 그리면서 이승만 독재에 대한 비판적 인식과 시민들의 비참을 강렬하게 드러내기도 했다. 물론 조양규가 부단히 부대끼며 형상화하려 했던 현실 탐구가 북한에서는 잘 이루어지진 않았던 것으로 보인다. 어쩌면 냉전 아시아의 상황에서 조양규의 탐구는 부정되거나 부인되어야 하는 운명이었는지도 모른다. 그렇지만 조양규의 작업이 이념과 아카데미 사이, 국가와 국가 사이에서 이루어진 탐구라면, 그것을 본 자는 독학자의 운명을 타고나는 수밖에 없게 된다. 선배와 선생이 부재한 그 사이의 길이란 신냉전이 전개되던 동아시아에서 평화를 모색하기 위한 노정이기도 했다.[7] 그러니, 그가 도모한 길을 보듬어 더 살피는 일이 필요하겠다.

김만석(독립연구자)

도쿄의 조선인 부락에서 〈맨홀C〉(1959)로 보이는 작품을 들고
거리를 걷고 있는 조양규
《미술수첩》(1960년 11월호)에 실린 것으로 당시 조선인 부락의 상황도 아주 조금 살필 수 있다.
캔버스를 들고 고개를 약간 숙이고 도로를 가로질러 걷는 조양규의 모습에서
힘겨움과 외로움이 엿보인다.

민주노조
운동의
산증인

평범하고도 비범한 독학자들

한국사회는 불평등과 정치적 억압 때문에 심하게 앓다가 '촛불'을 통해
병통을 고칠 계기를 얻었다. 그러나 과장하기 좋아하는 사람들이 혁명이
라 부르는 '촛불'에도 불구하고 한국사회의 양극화와 불평등은 나아지지
않고 있다. 한국은 경제협력개발기구OECD 회원국 중 네 번째로 소득 불
평등이 심한 나라인데,[1] 2019년 2월 현재 문재인 정부의 경제 정책은 의
도와 다른 결과를 낳아 '실패'하고 있어, 불평등은 심화되고 있다 한다.
원인은 불분명하다. 문재인 정부의 정책 실패 탓인지, 구조적으로 심화
된 고질이 깊어 아직 정책 효과가 나타나는 것이 아닌지, 경제학자들 사
이에서도 의견이 분분하다.

2018년 연말에는 〈스카이 캐슬〉이라는 흥미로운 제목을 단 드라마가 선풍적인 인기를 끌었다. '스카이'는 SKY 즉 서울대·고려대·연세대를 의미하고, '캐슬'은 성城인데 롯데캐슬 무슨 캐슬하는 고급 주거 단지를 중의적으로 표현한 것이다. 제목처럼 이 드라마는 "대한민국 상위 0.1퍼센트가 모여 사는 SKY 캐슬 안에서 남편은 왕으로, 제 자식은 천하제일 왕자와 공주로 키우고 싶은 명문가 출신 사모님들의 처절한 욕망을 샅샅이 들여다보는 리얼 코믹 풍자극"[2]으로 기획되어 비공중파 TV 드라마로서는 역대 최고 시청률을 기록하고 온갖 화제를 불러일으켰다. 이 드라마는 한국사회 계급 재생산의 핵심 기제인 교육 격차와 대학 입시 문제에 대한 매우 익숙하면서도 새로운 화두를 던지고 공론을 활성화했다. 드라마의 주인공들은 자식들을 서울대 의대 등 학벌 서열의 최상위에 있는 대학에 보내기 위해 수억의 돈을 쓰며 처절하게(?) 노력한다. 오늘날 한국에서 부모의 사회적 지위와 경제적 자원은 자녀의 삶의 '출발선'을 다르게 할 뿐 아니라 중간중간 삶의 지점이나 위기마다 삶을 다르게 지탱하게 하는 결정적 요소로 작동한다. 대학과 제도 교육은 이제 불평등을 완화하기는커녕 불평등과 차별을 바꾸지 못하게 재생산하는 중요한 수단이 되고 있다.

그런데 불평등과 부자유는 항상 깊이 연관되어 있다. 《코끼리는 생각하지 마》를 쓴 인지언어학자 조지 레이코프의 말처럼 '자유'의 반대말은 '부자유'가 아니라 '가난'이다. 불평등은 사회적 약자와 타자들에 대한 배제와 억압에 의해 재생산된다. 권력은 경제적 불평등을 유지·확대하기 위해 정치적 억압을 행한다. 이 억압은 노골적인 것일 수도 있고, 은근하고 내면화된 것일 수도 있다. 오늘날 한국의 가난한 사람들이나 여성·이주자에게 가해지는 억압과 불평등은 전자에 속하고, 모두가 내면화하고 있는 경쟁 이데올로기나 학벌주의는 후자에 속할 것이다. 사실 공부하고 알 권리는 정치 참여뿐 아니라 경제적 기회에 대한 권리이기도 하다. 이 나라에서 그것은 대체로 불균등·불평등하게 분배되어 있었다.

'개돼지들'의 공부하고 알 권리는 진전되어 오기는 했다. 그것은 '경제개발'과 민주주의 발전에 크게 영향 받았다. 경제발전과 민주주의는 거대한 '인간개발'과 지식 발달사의 동력으로서 상호 영향을 주고받았다.[3] 1945년 해방 당시 전체 한국인의 50퍼센트 이상은 문맹자였다.[4] 그런데 1961년 남한 중학 졸업자의 고교 진학률은 41퍼센트, 1970년에는 63퍼센트, 1980년에는 82.6퍼센트에 달했다.

좋은 교육을 받고 좋은 학교를 다닐 권리가 제한되어 있었기 때문에, '헬조선'의 개인들은 언제나 피눈물나게 '노오력'해왔다. 그 '노오력'의 배후에는 '경쟁'이 있었다. 그들 중 어떤 사람들은 비상한 성실함으로 제약을 돌파해왔다. 특히 독학자들은 좋은 '수저'를 물려줄 부모를 만나지 못했음에도 학교 바깥에서 그런 일을 이뤄낸 사람들이다. 그들은 결코 특별한 사람들이 아니라 '헬조선'의 매우 평범한 시민들이다. 그중에서도 제도권 교육에서 쉽게 배제되어왔던 여성들의 흔적은 남다르다.

'치타 여사'의 영어 실력

1960~80년대 한국의 고도 경제성장은 전적으로 민중의 희생을 통해 달성된 것이다. 노동자와 농민은 저임금·저곡가를 감내했고 도시 소시민은 열심히 저금했으며 독일·베트남·중동 등에서 피땀 흘려 경제성장의 종잣돈을 마련했다. 세계 최장시간 노동과 '무노조'와 그것을 가능하게 한

반공 독재·인권 침해는 노동자들 중에서도 특히 여성들에게 더 강하게 부과됐다. 젊은 여성들은 가정에서의 '남존여비'를 견디며 교육 기회를 남동생이나 오빠에게 양보하고, 직장 내의 일상적인 성차별·성희롱을 삭이며 '산업 전사'가 되어야 했다.

많은 인기를 끌었던 드라마 〈응답하라 1988〉 11회는, 정환이 엄마 '치타 여사'(라미란 분)가 알파벳으로 자기 이름을 읽지도 쓰지도 못하는 영어 '기초 문맹'이라는 에피소드가 시청자들의 관심과 공감을 끌었다. 이웃 여성들뿐 아니라 골목 전체의 리더 격이며 누구보다 머리가 좋은 '치타 여사'가 알고 보니 겨우 '국민학교'만 졸업한 것이다. 이는 실제 현실을 반영한 것일 테다.

치타 여사 세대의 많은 한국 여성들은 상급 학교에 진학할 기회가 없었다. (100퍼센트 믿을 만한 통계는 없지만) 한국의 여성 문맹률은 1960년에는 약 40퍼센트, 1970년에는 17.6퍼센트(국세조사보고, 13세 이상 여성)였다 한다. 여성의 중학교 진학률은 1966년 33퍼센트, 1970년 46.5퍼센트, 1975년 67퍼센트였고 고등학교 진학률은 1970년의 24.1퍼센트, 1975년의 35.5퍼센트, 1980년에 62.2퍼센트였다. 그러니까 '치타 여사' 세대 젊은 여성들의 경우엔 국졸, 중졸 정도의 학력이 가장 일반적이었다. 기초적인 영어를 알지 못하는 경우는 상당히 많았으며 그보다 훨씬 낮은 학력을 가졌거나 문맹자인 경우도 허다했다는 뜻이다.

김진숙의 공부와 삶

김진숙은 누구인가? 그녀는 《소금꽃 나무》(2007)라는 책을 통해 일반에 알려지기 시작했다. 책 제목 '소금꽃 나무'는 매일 땡볕에 비지땀을 흘리며 옷이 소금 땀에 절도록 육체노동을 해야 먹고 살 수 있는 사람들, 즉 한국의 노동자들을 말한다. 인상적인 제목이 웅변하듯 이 책은 한국의 노동운동과 노동자의 삶에 대한 이야기다.

만약 공장 노동자의 삶을 살지 않아도 됐다면, 노동운동의 거센 물결에 몸을 던지지 않아도 됐다면, 그녀는 신경숙 같은 큰 작가가 됐을지 모른다. 김진숙도 어린 나이에 여공으로 일하면서 대학에 가고 싶었던, 정말 글 쓰는 사람이 되고 싶었던 '문학소녀'였기 때문이다. 김진숙이《소금꽃 나무》에서 보여주는 문장들도 그런 꿈의 '흔적'을 느끼게 하기에 충분하다. 책은 그녀 자신의 반생과 싸움에 관한 글들 외에, 민주노조운동 현

김진숙
김진숙 민주노총 지도위원은 여성으로선 보기 드물게 용접공이 됐다. 그러다 한국사회의
모순과 참혹한 노동현실에 눈을 떠갔다고 한다.

장에서 만난 노동운동가 관련 글들, 그리고 그녀가 집회 현장에서 한 연설문 등을 묶은 것이다. 분노와 임무의 긴급함이 가끔 강하고 거친 표현을 쓰게끔 했겠지만, 책의 문장들은 기본적으로 타인에 관한 섬세한 관찰과 표현에 대한 열망이 빚어낸 것임을 알게 한다. 그녀의 배움은 자기만의 행복이나 계층 상승이 아니라, 인간 해방의 보편적인 가치를 향한 것이 되었던 것이다. 나는 《소금꽃 나무》가 이 시대 최고의 '문학서'의 하나라 생각한다.

그런 책을 쓴 김진숙은 민주노총 부산지역 본부 지도위원이며, 20년 넘게 노동운동을 해왔다. 그녀의 생애는 한국 민주노조 운동사 그대로다. 1980년대의 민주노조 건설운동에서부터 1990년대의 전노협, 그리고 오늘날의 민주노총으로 이어지는 역사. 그 역사 때문에 시골마을에서 자라난 소녀는 '강철'이 된다.

1960년생인 김진숙의 삶도 애초엔 그즈음 한국의 가난한 가정에서 태어난 여성들의 삶과 다를 바 없었다. 강화도 농촌에서 자라난 김진숙은 많은 1970년대의 '누이'들이 그래야 했던 대로 중학교를 나와서 노동자가 된다. 점심시간도 제대로 없는 하루 열 몇 시간의 노동, 꽁보리밥에 짠지 몇 쪼가리, 화장실도 없는 작업장, 양팔다리를 접어야 누울 수 있는 잠자리, 그리고 어린 여성 노동자들의 몸에 가해지던 성폭력. "주임이 애들 엉덩이를 만지고 지휘봉 같은 걸 애들 등에 넣고 브래지어 끈을 끊고 해도 그냥 예쁘다고 장난 좀 친 걸로 되는" 공장은 십대 여성 노동자들에게 한마디로 "무서운 곳"(43쪽)이었다. 그들은 "100원짜리 옥수수 식빵을 사다가 밤중에 쥐새끼처럼 빵을 파먹고", "자면서도 '잘못했으예', 잠꼬대를 하며 흐느끼며" 가혹한 통제와 일상적 폭력을 견뎠다.

상상하기 어려운, 말 그대로 '인간 이하'의 환경에서 일하던 김진숙은 스물한 살의 나이로 단지 월급이 더 많다는 매력 때문에 1981년에 부산 영도에 있는 한진중공업의 여성 용접공이 되었다. 세상 물정 몰라서 단지 '정의사회 구현'이라는 듣기 좋은 정권의 구호에 끌려 '노조 대의원'도 되었다. 그전에는 '대한조선공사'였던 한진중공업은 한국에서 가장 오래된 조선소다. 1987년 노동자 대투쟁 때 한진중공업 노동자들은 노조를 일단 깨부수는 일부터 했다 한다. 아주 오래전부터 있었던 대한조선공사(한진중공업) 노조가 1970년대부터는 '어용' 그 자체였기 때문이다. 자본가의 의무를 덜어주기 위해 동료의 피를 빠는 그런 노조 말이다.

'강성 노조'니 '귀족 노조'니 하는 비난이 많지만, 왜 그들이 '강성'이 될 수밖에 없는지를 한번만 돌아보면 그런 말은 하기 어렵다. 그중 누가 '귀족'인가? 어느 나라 '귀족'이 과로사로 죽을 만큼 초과노동하고, 정규직 잘렸다고 조끼 입고 한데서 자며 '빨갱이' 누명을 쓰고, 그러다 자살하는가?

처음부터 노동운동가가 되려는 사람이 있을까. 김진숙도 그랬다. 그녀도 '배움에 대한 갈망'을 산업체 특별학급과 야학을 다니는 것으로 메우려 했다. 고등학교 졸업장이 갖고 싶었던 것이다.

오늘날 거의 잊힌 산업체 특별학급 제도는 박정희 정권이 1977년 3월부터 배움에 목말라 있던 여성 노동자들을 위해 정규 중·고교에 특별학급을 개설하면서 시작되었다. 여성 노동자들은 학교를 가기 위해 특별학급이 있는 기업체를 일부러 선택할 정도로 이 제도를 환영했다.[5] 야학은 공부가 필요한 노동자들을 위해 그 시절의 대학생들이 '자원봉사' 형태로 만든 자발적 교육기관이었다. 그 전통은 식민지시대로까지 거슬러 올라가는데, 영화 〈변호인〉 등에 조금 묘사됐듯 야학은 70~80년대 정치적·문화적 노학연대의 산실이기도 했다. 김진숙도 그런 야학을 다녔다.

독학은 단지 검정고시 같은 공인된 제도를 통해 대체 학력을 갖췄다는 의미가 아니다. 스스로의 힘이나 또 다른 비제도적인 방법을 통해 '고학력'을 가진 사람보다 더 가치 있는 지성을 갖췄다는 뜻이다. 그러니 독학에는 '공학共學'도 포함시켜야겠다. 1970~80년대의 야학, 독서모임 등에서 행해진 일은 민중의 자기 구제이며 자기 계몽이었기 때문이다. 물론 그것은 배움 자체에 대한 열정을 바탕으로 가능했다.

이 학교 아닌 학교에서의 경험과 앎에 대한 서사는 많이 남아 있다. 노동사 연구자 유경순이 쓴 《나, 여성 노동자》라는 책을 보면, 가족을 부양

공장에서 일하고 있는 여공들
《외딴방》을 쓴 신경숙, 《소금꽃 나무》를 쓴 김진숙처럼
공장에는 여러 '김진숙'들이 있었을 것이다.

하기 위해 공장 일을 하던 10대 청계피복 여성 노동자들이 옷 사이즈를 표시한 S, M, L, XL 같은 영어 알파벳을 읽을 수 없는 건 물론 한글 문해력을 갖지 못한 경우도 있었기에 스스로 '한글반'을 만들어 서로를 가르쳐줬던 눈물겨운 이야기가 나온다. 여공 생활을 하기도 했던 신경숙의 소설 《외딴방》에도, 또 그와 비슷하게 절절한 동일방직 여성 노동자 석정남이 쓴 《공장의 불빛》에도 배움에 대한 열망과 자기 계몽의 서사가 등장한다.

그런데 김진숙이 그런 학교 아닌 학교에 다닌 과정은 계층 상승에 대한 욕망과 '공부'에 대한 허위의식을 버리는 과정이기도 했다. 25살쯤에야 찾아갔던 야학에서 '전태일'을 만나게 됐기 때문이다. "어떤 아줌마가 가슴에 뭔가를 끌어안고 주저앉아 우는 것도 궁상스럽고", "제목에 '노동자'라는 말이 마음에 안 들어 받아다 놓고는 펴 보지도 않은 채 먼지만 앉히고 있었던"《전태일 평전》을 읽고 그녀는 "다른 누구도 아닌 나 자신에게 부끄러워 꺼이꺼이 지리산 계곡처럼 울며" 깨달음을 얻게 됐던 것이다.

그 이후 김진숙의 삶은 우리가 조금 들어 아는 바다. 한진중공업 민주노조 건설 과정에서 해고되고, 그로부터 무려 20년을 해고 노동자로 살았다. 해고 노동자의 신산한 삶과 외로운 투쟁은 상상하는 것 자체가 어려운 고됨이다. 그 사이에 공권력은 공식적으로만 두 번의 감옥살이와 다섯 번의 수배를 그녀에게 선물했다. 한진중공업은 알다시피 박창수·김주익 '열사'가 다닌 부산의 대표적인 중공업 대공장이며, 한진중공업 노조는 한국 대기업 노동운동의 중심 중 하나였다. 여린 소녀였던 그녀는 그 속에서 가장 비타협적으로 싸웠다. 그래서인지 자본가들은 그녀의 동료들을 복직시켜주면서도 "김진숙이만은 안 된다"고 했다 한다. 그녀는 왜, 아니 어떻게 그렇게 오랫동안 굴하거나 타협하지 않고 싸울 수 있었을까?

'전태일 정신'

《소금꽃 나무》를 통해 김진숙과 그녀가 옮긴 노동운동가들의 언어는 한국 민주노조운동이 내포했던 도덕성의 정수를 그대로 보여준다. 그것은 인간됨과 (넓은 의미에서의) 자유를 위한 투쟁이자 동료 인간들을 위한 희생과 숭고함이다. 그들은 자신의 생을 희생해가며 '의리'와 성실로써 처절한 싸움의 현장과 자신을 지켜왔다. 한국의 민주노조운동은 그것을 지키는 데 최고의 노력을 들여야 했다. 자신의 모든 것을 희생해야 했다. 안 그러면 '인간'에 관한 모든 것이 다 무너졌다. 한국의 자본과 공권력은 노동자를 대등한 '인간'으로 인정하지 않으려 했다. 그들은 인간의 최소한의 단결조차도 최대의 적으로 간주하며 사소한 인간적 정리와 최소한의 윤리, 인간에 대한 예의도 다 무시하고 말살하려 했다. 자본과 공권력은 도덕성에 서고자 한 사람들을 치욕적인 복종과 영원한 침묵이냐, 아니면 해고와 죽음이냐라는 양자택일 앞으로 내몬다. 그래서 많은 노동자―열사들이 나타났고, 지금도 전태일처럼 '분신'하는 노동자들이 있다.[6] 한국 민주노조운동은 이런 도덕적 기초 위에서 이뤄져왔다. 그것은 존엄하고 숭고한 것이었다.

한국사회가 어떤 윤리적 준거점이나 성소聖所를 갖고 있다면, 그것은 바로 민주노조운동과 그 역사다. 그래서 전태일이나 김주익 같은 사람은 여전히 존경받아야 하고, 그들의 매움과 위엄[烈]은 여전히 사표의 자리에 있어야 한다. 그들은 모든 제도종교들이 말하는 기본 가치―인간이 '신의 형상'으로 지어진 영적인 존재이며, 자비와 인의仁義가 타인들과 함께하는 삶에서만 달성될 수 있다―를 온몸으로 보여준 존재들이다.

고공시위 벌이는 김진숙
김진숙은 제도권 밖 학교를 다니며 공부에 대한 허위의식을 버리게 됐다. 사진은 2010년
한진중공업의 정리해고 반대 파업 중에 크레인에 올라가
고공시위를 벌이는 김진숙의 모습.

《소금꽃 나무》의 저자도 그런 존재들과 닮은 사람인 듯하다. 책의 편집자로부터 저자 김진숙에 대해 들은 적이 있다. 그녀는 자신을 위해서는 단돈 만 원도 쓰기 아까워하는 사람이라 한다. 거대 조직 민주노총의 지도위원이라는 자리 또한 한 푼의 보수도 받지 않는 자리이며, 그녀가 강연이나 쓰는 글로 버는 돈의 대부분은 투쟁하는 노동자와 가난한 사람들을 돕는 데 들어간다고 한다. '최소한의' 생활비로만 그녀는 살아간다 한다. 그녀의 패션(헤어스타일, 줄무늬 티셔츠, 큰 뿔테 안경)은 속사에 대한 무관심과 초월을 뜻하는 것 같다.

김진숙의 이 같은 '최대한의 윤리'는 세속을 살아가는 일반인들에게는 불가능한 것인지 모른다. 그러나 그런 윤리가 뻔뻔하고도 냉소적인 시대를 사는 시민의 연대를 이끌어낼 수 있다는 것을 2011년 희망버스운동이 보여줬다. 2010년 10월부터 시작된 한진중공업의 정리해고 반대 파업 싸움 와중에 김진숙은 홀로 크레인에 올라가 고공시위를 벌였다. 그녀의 고공 시위는 죽음의 충동을 이기며 무려 300일 넘게 계속되었다. '희망버스' 운동은 그녀와 한진 노동자들을 응원하기 위해 2011년 6월 11일 시작되어 5차에 걸쳐 각계 시민과 노동자, 학생에 의해 진행되었다.

아직도 못다 간 길

1970~80년대의 여성 노동자들이 가졌던 앎과 교육에 대한 뜨거운 열정과 에너지는, 총체적인 의미에서 한국사회 '발전'의 자양이 되었다. 그녀들 중 많은 사람들이 민주화 도정의 노동운동에 투신했다. 원풍모방, YH, 대우어패럴 등과 구로동맹파업의 여성 노동자들은 그 자체로 한국

노동계급 형성 과정이었다. 물론 그 열망과 에너지는 복합적인 것이라서 계층 상승의 욕망이나 허위의식도 있었겠다. 중요한 것은 그들 대한민국의 가난한 딸들이 어떻게 스스로의 힘으로 불평등과 차별을 극복해나갔는가 하는 점이다. 그것은 1970~80년대의 노동운동에도 절절히 표현된 바, '인간답게 살고자' 함이었다. 이 같은 불평등과 차별의 극복은 그 자체로 우리나라의 '민주화'나 '근대화'에 다름 아니었다.

우리는 '민주화'나 '근대화'의 역동성에 결부된 교육체제를 지나왔다. 딱딱하게 굳어진 양극화와 세습 자본주의는 글로벌 현상이지만, 한국의 세습 자본주의는 교육 문제와 긴히 결부되어 있다. 교육 모순과 그 교정의 어려움은 물질적이고도 이념적인 헤게모니의 두터움을 보여준다. 거의 모두가 '죄수의 딜레마'에 빠져 입시와 스펙을 위한 경쟁에 막대한 돈을 쓰고 삶을 소모한다. 과감한 개혁이 필요하다. 문재인 정부의 공약인 '기회는 평등하고 과정은 공정하고 결과는 정의로운 나라'로는 부족하다. 이미 학벌과 부를 위한 기회가 불평등하게 체계적으로 구조화되어 있기 때문이다. 이런 상황에서 과정(=시험)의 공정함은 환상일 뿐이다. 결과의 정의는 저절로 달성되지 않는다. 공교육을 정상화하고, 고교 등급화를 폐지하고, 대학교육의 공공성을 확보하려는 노력을 멈출 수 없는 이유다. 또한 삶의 어느 단계에서든 (경쟁에서 승리하기 위해서가 아니라) 스스로의 삶을 위해 필요한 교육을 찾고 국가는 그것을 제공해야 한다. 이것이 김진숙의 '독학'이 우리에게 가르쳐주는 바다.

천정환(성균관대 교수·국문학)

잊힌
근대사 현장,
용산의 역사를
찾아서

서울 한복판의 잃어버린 땅, 용산

러일전쟁이 발발한 1904년 2월, 일본 제12사단이 서울로 진입했다. 그리고 그해 8월에 용산 일대 약 300만 평의 군용지가 일본군 주둔지로 강제 수용되었다. 일제가 패망한 뒤에도 한국인은 이 땅을 돌려받지 못했다. 일본군이 떠난 자리에 미군이 들어왔기 때문이다. 미 24군단 예하 제7사단 병력이 1945년 9월부터 이곳에 주둔했다. 그리고 한국전쟁이 터졌다. 20세기가 끝나고 21세기의 두 번째 십 년대에 이를 때까지, 용산기지는 서울 한복판의 외국 땅이라는 운명에서 벗어날 수 없었다.

망각을 강요받고 기억상실증에 걸려 체념할 수밖에 없는 일상이 오늘날의 대한민국에 만연해서일까. 지난 백 년을 통틀어 극동아시아에서 가장 기구한 질곡의 역사가 용산에서 벌어졌지만, 언제부터인가 서울 사람들은 이 사실을 의식하지 않게 되었다. 백 년의 역사는커녕 한두 해 전에 벌어진 사회적 비극조차 쉽게 떠올릴 수 없는 사회다. 시민들에게 절실한 문제는 물론 생계일 테지만, 역사를 모르는 기억상실증의 사회에서는 나쁜 정치와 사악한 권력이 군림한다. 그 안에서 안온한 생계와 살림은 보장받지 못한다.

우리가 발을 딛고 선 자리에서 어떤 일이 벌어져왔는지를 공부한다는 것은 학자들만의 전유물이 아니다. 생계를 위해서라도 시민들은 역사를 공부해야 한다. 과거에 벌어졌던 일이 바로 그 자리에서 또다시 벌어질 수 있기 때문이다. 일본군 주둔지로 용산 일대가 강제 수용되던 과정에서 벌어졌던 무참한 폭력과 부조리는 2009년 용산 참사의 비극을 낳았던 용산 국제업무지구 조성 사업을 떠올리게 한다. 가난하고 힘없는 이들에게 이 땅은 그때나 지금이나 가혹하다.

용산기지 근무 경험이 계기

무엇을 어떻게 기억해야 할까? 제도권 학계 바깥에 있는 시민은 역사를 어떻게 공부할 수 있을까? 향토사학자 김천수는 이 질문의 답을 찾아가는 일의 즐거움과 사명감을 알려줬다.

김천수는 지난 이십 년 동안 용산 지역 향토사와 군사사, 한미일관계사를 연구해온 독학자다. 긴 시간 자가발전해온 성과를 모아 2014년 7월에 《용산의 역사를 찾아서》(용산구청 발행)라는 책을 내기 전까지, 그의 공부는 외부에 알려질 기회가 거의 없었다.

총 11장으로 구성된 이 책은 러일전쟁 이전 시기부터 1953년까지의 용산 역사를 다룬다. 일제의 군사전략에 따라 용산기지에 주둔했던 일본군 주둔 형태의 변화 과정, 기지 내 각 부대 및 주요 시설 현황, 파견군에서 상주군 체제로 변화하는 과정에서 일제 조선군사령부가 창설되었던 역사, 일제 패망 이후 미군과 용산기지 사이에 새로운 역학관계가 형성되는 과정을 각종 사진과 도표를 망라해 정리했다.

　　이 책의 성과는 학계에도 의미심장하다. 용산기지 내 조선군사령부와 그 예하 부대 및 주요 군사시설들이 어느 위치에 어떤 형태로 배치되었고 그 기능과 역할이 무엇이었는지, 그에 얽힌 역사적 사실과 의미가 무엇이었는지를 이토록 상세히 밝힌 연구는 그동안 없었기 때문이다.

김천수
용산기지 전경이 내려다보이는 서울 용산구 이태원 부군당 역사공원에서 만난 김천수 씨. 왼편 남색 지붕의 유럽식 건물이 일제강점기 장교 숙소. 현재 주한미합동지원단JUSMAG-K이 쓰고 있다.
이영준 계원예술대 교수 제공.

이렇게 구체적인 연구가 나올 수 있었던 건 그가 용산기지에서 실제로 근무했던 사람이었기 때문이다. 용산 연구를 시작하게 된 계기도 용산기지 체험이 작용했다. 용산을 연구하겠다고 마음먹은 후 그는 전문 연구자 못지않은 성실한 태도로 공부해나갔다. 먼저 일제시기와 해방 정국 당시의 1차 자료를 모으고 답사를 수없이 반복하면서 용산 연구에서 공백으로 남아 있던 부분을 채웠다. 놀라운 건 그가 은퇴 이후 소일 삼아 연구를 시작한 게 아니라 생업에 종사하면서 별도로 이 방대한 연구를 진행해왔다는 사실이다. 대학에서 석박사 학위를 수여받지 못한 김천수는 학계로부터 정당한 평가를 받을 기회가 없었다. 하지만 그 사실에 대해 그는 조금도 섭섭해하지 않았다. 오히려 용산을 연구한 학계의 연구사를 진심으로 존중하고, 그것으로부터 배울 수 있었음을 감사히 여겼다.

시민 향토사학자의 독학

《용산의 역사를 찾아서》에는 김천수가 독학자로서의 자신을 어떻게 정의하는지 알 수 있는 구절이 등장한다. 그동안 학계에서 용산과 용산기지 연구가 부실했던 까닭을 논평하면서, 앞으로 자신이 어떤 공부를 해나갈 것인지 방향과 정체성을 밝힌 대목이기도 하다.

용산기지가 해방 이후 단순히 주한미군의 영향력 아래에 있었다는 선입견의 작용과 여러 현실적인 제약이 원인이었겠으나 필자가 보기에는 우리의 역사를 우리의 눈으로 바라보려는 노력이 부족했던 것이 가장 큰 이유가 아닌가 싶다. 필자는 역사를 전문적으로 전공한 역사학도가 아닌 우리 근현대사에 관심이 있는 일반 시민이자 향토사학자로서 향후 용산기지 이전과 용산공원 조성에 앞서 '용산기지의 잊혀진 역사'를 학술적으로 조명해 보려는 시도로 본 책을 집필하였다.

용산 연구로 이룬 성과도 훌륭하지만 '시민'의 정체성으로 무엇을 할 수 있는가를 증명해 보였다는 점에서 김천수의 독학은 널리 알려질 필요가 있다. 그는 퇴직 후에는 용산 문화탐방을 비롯해 시민 대상의 다양한 교육 프로그램 개발에 힘을 쏟을 계획이라고 했다. 용산의 문화유적지를 시민들과 함께 걸으면서 오랜 시간 공부했던 것을 남김없이 나누겠다는 포부였다. 이십여 년간 알아주는 이 하나 없이 홀로 수행해온 공부가 비

《용산의 역사를 찾아서》
《용산의 역사를 찾아서》는 용산기지의 역사를
상세하게 다룬 첫 연구서다.

로소 결실을 보게 될 때가 머지않아 보인다.

 그에게 '독학'이란 '함께 공부할 시간을 준비하는 일'이었다. 어떤 이가 학계 바깥에서 생계와 직접적인 연관이 없음에도 공부에 시간을 쏟고자 할 때, 누군가가 마중을 나온다면 큰 힘이 된다. 더 많은 정보를 알고 있는 이가 그렇지 못한 이를 지도하고 가르친다는 의미가 아니다. 함께 공부하는 즐거움의 극치는 정보의 양이나 시험 성적이 아니라, 너와 내가 잘 알지 못하는 무엇인가를 함께 궁금해하는 순간에서 비롯된다. 우선은 지적인 열기에 어느 한쪽이 먼저 뜨거워져야 한다. 호기심에 들뜰 때의 간질간질한 관능, 앎과 배움을 향한 열망을 퍼뜨릴 에너지를 축적하는 독학의 시간이 필요하다. 이런 일은 시민의 일상에서도 가능하다. 함께 공부할 시간을 준비하는 또 다른 시민 독학자들에게 김천수의 독학은 용기가 될 수 있을 것이다.

용산기지에서 되찾아야 할 역사

2016년과 2017년은 용산 지역에 중요한 전환점이 된 해였다. 용산기지의 평택 이전이 완료되기 때문이다. 반환된 용산기지 자리는 용산공원으로 조성될 예정이라고 한다. 현재까지 발표된 계획안대로라면 이곳은 탈역사화한 공원으로 뒤바뀌게 될 것이다. 한국사회가 앓고 있는 강제된 기억상실증의 전형적인 수순을 밟고 있다. 용산기지 반환 과정에서 이곳의 역사를 진지하게 되돌아볼 기회는 없을지도 모른다. 용산을 둘러싼 개발업자들과 투자자들, 그리고 이 땅을 둘러싼 온갖 이해관계가 그런 시간을 용납하지 못하기 때문이다. 그들은 하루빨리 돈이 될 사건이 터지기만 학수고대하고 있다. 일반 시민들이라고 이들과 크게 다를까? 경제와 개발 논리에 갇히지 않고 역사를 사유할 수 있는 공부가 용산과 이 시대의 시민들에게 절실하다.

김천수는 용산기지의 역사가 사진이나 문서로만 남아선 안 된다고 했다. 2002년 그가 첫발을 디뎠던 용산기지 내 주한미합동지원단JUSMAG-K 건물은 일제 조선군사령부 시절에는 장교 합동숙소였고, 해방 정국에선

만주사변 충혼비와 미8군 전몰자 기념비
일제강점기 만주사변 충혼비(위)가 미8군 전몰자 기념비(아래)로
재활용된 사실을 김천수가 밝혀냈다.
김천수 제공.

용산 전경
1910년 용산 병영의 전경(위)이
2016년 서울 용산구 이태원 역사공원에서 바라본 용산기지 전경(아래)과 대조적이다.
김천수·이영준 계원예술대 교수 제공.

미소 공동위원회의 소련군 대표 숙소이자 국군 창설의 산파역을 했던 미군사고문단KMAG이 머물던 곳이었다. 이태원로 위를 가로지르는 구름다리 너머 메인 포스트에 위치한 미군 충혼탑은 본래 일본군 충혼탑이었다. 한때 미8군 클럽으로 쓰였던 드래곤힐라지DHL 호텔은 일본군 사령관 관저가 있던 곳이었다. 미군은 일본군 시설을 철거하지 않고 가능한 재활용하는 원칙을 지금까지 고수하고 있다. 그 때문에 복잡다단했던 지난 역사의 흔적이 지금도 용산기지 전체에 남아 있다. 그렇지 않았다면 김천수의 용산 연구는 불가능했을 것이다.

우리가 용산기지에서 되찾아야 할 것은 투기꾼을 위한 돈놀이판이 아니라 역사다. 아픈 역사도 외면해선 안 될 소중한 역사. 수치스러운 역사도 온전히 기억되고 철저히 성찰할 수 있다면 후손에겐 힘이 되는 유산이다. 그러니 용산기지 반환과 공원화 계획은 이곳의 역사를 밝히는 과정으로 정향되어야 한다. 김천수는 다음과 같이 말했다. "사실과 기록이 아닌 기억과 상상에 의존해야 하는 안타까운 시대가 오기 전에 용산과 용산기지의 역사적 정체성을 세우는 작업이 필요합니다."

그를 독학자로 내버려둬선 안 되겠다. 그의 공부에 더 많은 이들이 뜻을 함께하길 바란다.

임태훈(인문학협동조합 미디어기획위원장)

사법고시
합격에서
SW 개발까지

고故

노무현 대통령

노무현이 독학자라니. 의아해할 사람이 있을지도 모르겠다. 1986년 부림 사건의 변호를 맡았던 것을 계기로 민주화운동에 뛰어들었던 그는 한국 정치의 낡은 관행과 악습, 지역주의 등에 맞서 분투해온 실천적 정치인이 었다. 정치에 투신한 이후 다양한 계층을 망라한 무수한 사람들과 교류했 던 그는 언제나 혼자가 아니었다. '노사모'로 대표되는 자발적 지지자들 과 조력자들에게 둘러싸여 있었으며 날이 갈수록 그의 가치를 알아보고 모여드는 사람들이 많았다. 2002년 대선에서 승리하여 대통령이 된 이후 에는 국내 유수의 브레인들에게 보좌를 받기도 했다.

널리 알려져 있다시피 그는 대화와 토론에 열성적이었고, 권위주의를 배격했으며, 정책 결정 과정 전반에 수평적 의사소통 구조를 도입하려 애 썼다. 지지자와 적대자를 막론하고 그는 언제나 관심과 논란의 중심에 있

독서하는 노무현 대통령
고 노무현 대통령은 독학으로 사법시험을 통과한 뒤 평탄하지 않은 길을 걸었다.
사진은 청와대에서 책 읽는 모습.

었다. 따라서 세속으로부터 단절된 채 스스로의 학문이나 특정 전문 분야에 몰입하여 일가를 이룬 독학자의 이미지를 그에게서 읽어내는 일은 언뜻 보기에 무리인 듯하다. 그의 성공과 좌절, 운명의 이력에서 어떤 학문적 성취라든가 독자적인 체계나 방법론에 대해 심사숙고한 흔적을 찾아볼 수 없다는 점에서 더욱 그렇다.

성실하고 열정적인 정치인이라면 어느 누구든 일정 부분 독학자일 수밖에 없다. 직책과 업무에 따라 조금씩 차이는 있지만 커버해야 하는 분야의 범위가 실로 광범위하고 종류 또한 다양하기 때문이다. 사명감에 불타는 정치인들이라면 기본적으로 계속 공부하지 않으면 안 되고, 새로운 지식을 습득해야 하며, 변화무쌍한 현실과 정세에 대응해야만 한다. 보좌관이나 전문가의 조력은 부차적인 문제다.

하지만 그의 독학은 단지 평범한 정치인들의 수준과 노력을 뛰어넘는다. 먼저 그를 언급할 때 늘 빠지지 않는 이야기, 독학으로 제17회 사법고시에 합격했다는 사실을 빼놓을 수 없다. 그 경험을 계기로 그는 독학에 대해 남다른 확신을 갖게 되었던 것 같다. 실제로 정치 역정의 중요한 변곡점마다 그는 독학했다. 탄핵소추를 당했던 시기 및 퇴임 이후의 한동안 그가 줄곧 책을 읽고 글을 썼다는 사실은 잘 알려져 있다. 하지만 그의 독학은 단지 독서와 저술활동에 국한되지 않는다.

발명 취미와 IT 독학

언론에서 이따금 주목한 것처럼 그의 발명 취미는 유명하다. 지지자들에게는 잘 알려져 있는 사례지만, 사법고시를 준비하던 1974년 그는 개량 독서대를 고안하여 특허 출원(출원 번호: 2019740005344)했다. 좌식책상이 일반적이었던 당시 책 받침대의 높이와 경사도를 자유롭게 조절하여 허리를 굽히지 않고 독서할 수 있도록 한 것이었다. 나름 실용적 쓸모는 있었을 테지만 그리 대단한 발명품은 아니었다. 지인들과 함께 실물을 제작하여 사업까지 준비했지만 실패했다고 한다(〈노무현 발명품 '기구한 운명'〉, 《주간경향》 834호, 2009. 7. 21). 이 일화는 노무현이 스스로 궁리하여 실제의 불편을 해소하려는 합리적·실천적 자세를 지녔던 사람이었음을 보여준다.

기술 입국의 이념과 유행에 편승한 청년의 일회적 치기에서 비롯된 발명은 아니었다. 실제로 그의 발명 취미를 입증하는 증언은 많다. 하지만 특허 출원 등의 구체적 성과물로 확인되는 것은 단연 소프트웨어의 개발이다. 1992년 제14대 국회의원 선거에서 낙선한 그는 이듬해 지방자치실무연구소를 설립한 후 본격적으로 IT 분야에 관심을 가지기 시작했다. 그 결과 인명관리 통합 프로그램 '한라 1.0', 정당 운영을 위한 그룹웨어

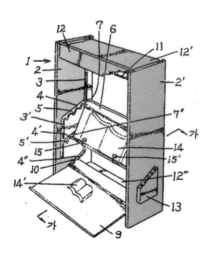

개량 독서대
노무현 대통령이 제안했던 개량 독서대.
상업적 성공과 거리가 있었으나 기술적
개량의 접근법을 엿볼 수 있다.

'우리들' 등의 개발을 주도했다. 1998년에는 당시 얻은 지식과 경험을 업무 표준화 프로그램 '노하우 2000'으로 발전시켜 대통령후보 시절 활용하기도 했다. 이 과정에서 그는 각종 컴퓨터 프로그램의 종류 및 원리, 데이터베이스 등에 대해 독학했고, 프로그램 기획안을 직접 작성하는 등 전문가 수준의 관련 지식을 습득했다.

집권 이후 청와대업무관리통합시스템 'e-지원知園'의 개발과 도입을 적극적으로 선도했다는 사실도 잘 알려져 있다. 그의 아이디어와 역할이 결정적이었던 만큼 그는 'e-지원'의 발명자 중 한 사람으로 등록되어 있다. 물론 퇴임 후 'e-지원'의 존재가 그에 대한 정치적 공격의 빌미로 악용되기는 했다. 그가 봉하마을의 사저로 이전해간 'e-지원' 시스템 사본의 존재를 둘러싸고, 이명박 정부를 중심으로 한 정적들이 국가기록원을 앞세워 국가 기밀 유출 등의 혐의로 여러 언론을 통해 공격했던 것이다. 그것은 알다시피 그가 비극적 죽음을 맞이하게 된 단초가 되었다. 사후에

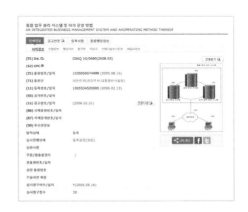

이지원(e-지원)
노무현 대통령은
업무프로그램 이지원의
특허등록자이기도 하다.

도 마찬가지였다. NLL 대화록 유출 논란이 있었던 2013년 당시 이른바 '봉하 e-지원'에 관련 기록의 조작 및 삭제 여부를 둘러싸고 치열한 공방이 있었던 것이 사실이다. 그러나 그러한 논쟁들 모두가 시간이 흘러 결국 유야무야되었다. 그러면서 그의 지지자들은 '봉하 e-지원'의 존재를, 그의 정적들이 정치적 위기에 몰릴 때마다 그를 공격하여 논점을 전환하거나 난국을 타개하기 위해 꺼내들기 일쑤인 전가의 보도 같은 것으로 인식하지 않을 수 없었다.

IT와 민주주의적 이상의 일치

그가 역대 대통령 중 IT 분야에 대한 이해와 조예에 있어서 독보적이었다는 사실만큼은 어느 누구도 부정할 수 없다. 다수의 전문가 및 동료들의 협조가 있었겠지만 근본적인 차원에서 그것이 독학으로부터 비롯된 역량이었다는 사실에 대해서도 마찬가지다. IT와 같은 신기술을 습득하고 실생활에 적용하는 데에만 머무르지 않았다. 물론 이러한 프로그램 및 시스템 개발에서 그가 우선적으로 착안했던 것은 업무 통합 관리의 효율성이었다. 하지만 그는 거기에서 그치지 않았다. 지식 공유의 수월성 및 의사소통의 다방향성 등 IT의 발전에 따른 다양한 가능성을 활용하여 정책 결정 과정 및 여론 생성과 수렴에 있어서의 투명성과 대의민주주의의 원칙을 관철하고 실현하는 데도 관심이 많았다. 즉 그는 IT라는 형식과 민주주의라는 내용을 발전적으로 일치시키는 새로운 정치적 비전과 실험을 기획했던 것이다. 이는 그가 맡았던 해양수산부, 나아가 정부 전반에 기존의 권위주의적 관행을 타파하고 수평적·다방향적 의사 결정 구조를 정착시키려 애썼던 일관된 실천의 연장선상에 있었다. 그것은 퇴임 이후 그가 스스로에게 부여했던 주요 과제 중 하나였다. 그는 그 새로운 가능성을 모색하기 위해 사이트 '민주주의 2.0'도 개설했다.

물론 '민주주의 2.0'은 정적들의 공격으로 인해 미완의 기획으로 남았다. 퇴임 이후에도 그가 인터넷을 중심으로 여론을 좌지우지하면서 일종의 상왕정치를 수행하려는 정략적 술수로만 받아들여졌던 것이다(그리고 이는 인터넷 여론을 정략과 공작의 대상으로만 여기는 그들 자신의 인식을 여실히 보여주는 거울에 비친 상과도 같은 것이었다. 이 같은 그들의 인식은 실제로 후에 국정원과 기무사 등의 국가 기관을 동원한 대대적인 댓글 부대의 여론 조작을 통해 현실화되었다).

하지만 그에게는 '민주주의 2.0'이 정치적 영향력을 유지·확대하려는 기술적 수단 이상의 의미를 가졌던 것으로 보인다. 대통령으로 당선되었던 때부터 〈세계 최초의 인터넷 대통령 로그온하다〉와 같은 제목의 기사가 전 세계에 타전될 정도로, 노사모를 중심으로 한 인터넷의 우호적 여론 나아가 IT의 위력을 실감했기 때문이었다. 그러므로 'e-지원'의 구축은 국가 행정 업무 통합관리 전반에 적용하려던 네트워크에 대한 이상을 시민사회 전반으로 확장하여 관철하려는 기획이었다고 해도 틀리지 않다. 즉 자유롭고도 활발한 토론과 논쟁이 이루어지는 수평적 의사소통의 장을, 행정 관료 사회의 범주를 넘어 전 사회적으로 창출, 실현하고자 했던 것이다. '민주주의 2.0'은 그 기반이자 거점으로 기획되었다.

이 같은 그의 바람은 실현되지 않았다. 그의 의도대로 되었으리라는 보장도 없다. 하지만 네트워크, 나아가 IT를 정치·사회·문화 전반에 걸쳐 근본적인 변화를 가져올 원동력으로 이해했던 것만큼은 틀림없어 보인다. 그것은 그의 민주주의에 관한 이상과 네트워크라는 기술의 작동을 일치시키려는 일관된 시도를 통해 표출되었다. 기술의 발전에 힘입어 민주주의의 이상을 현실 속에서 구체화하는 역사적 흐름을 선도하고자 했다는 점에서 IT의 본질에 대한 그의 식견과 숙고, 미래지향적 시각은 실로 간단한 것이 아니었다.

실용주의자와 이상주의자의 두 얼굴

그에게는 기술이나 제도에 대해 실용을 중시하는 태도와 민주주의적 이상을 추구하는 자세가 길항하고 있었다. '민주주의 2.0'의 경우처럼 양자의 조화를 지향하는 경우도 있었다. 하지만 때로는 국익을 내세워 관료와 재벌의 이해를 대변하기도 했고 무엇보다도 노동자와 농민, 빈민 등의 사회적 약자를 희생시키거나 탄압하기도 했다. 이 과정에서 그가 전 생애에 걸쳐 중시했던, 독학자로서의 태도나 의사 결정에 있어서의 민주주의적 원칙은 관철되지 않았다. 이것이 그와 그의 시대가 내포한 치명적인 그늘이었다는 점은 틀림없다.

그가 경직되고 배타적인 사고의 소유자라고 말하려는 것이 아니다. 오히려 정반대. 본래 민주화운동에 대해 관심도 이해도 없었던 그가 인권변호사로 전회한 후 자신이 변호해야 할 여러 피고를 이해하기 위해 많은 관련 서적을 탐독했던 사실은 영화의 한 에피소드로 극화되었을 정도로 잘 알려져 있다. 그리고 그것은 그러한 부조리한 사태가 발생하게 된 근본적인 모순과 원인을 파악하기 위한 독서로 이어졌다. 이러한 독서는 한국의 정치적·사회적 현실에 대한 그의 인식과 태도를 완전히 바꿨으며 중요한 지적

자산으로 작용하여 민주화운동에 투신하게 된 결정적인 계기가 되었다.

이뿐만이 아니었다. 그는 최초의 자서전에서 자신이 본래 아내(와 여성 일반)에 대한 비하적인 농담을 서슴지 않던 가부장적 인간이었으나, 청년들과의 만남 및 관련 서적에 대한 독서를 계기로 잘못을 깨닫고 바꾸려고 노력했다고 고백하고 있다. 그는 책을 읽고 쓰는 과정을 통해 철저히 숙고했고, 그 결과 바람직하다고 생각되는 민주주의적 원리를 발견하면 그것을 정치적 현실에 관철시키거나 때로 자신을 바꾸는 일마저 주저하지 않았다. 무엇보다도 민주주의적 원리의 준수가 장기적으로 공동체의 기회비용을 보전하고 이익을 증대하는 지름길이라는 사실을 믿어 의심치 않았다. 그러한 독학의 정치인이 비단 그만이 아니겠으나 그러한 독학의 결과를 대통령으로서 작게는 정부 운영의 의사소통 시스템에, 크게는 국정 운영 전반의 차원에 적용했던 이는 그가 거의 유일했다.

책을 읽고 쓰는 일, 독학의 진정한 의미

물론 그 역시 정치인으로서 한계와 공과가 존재한다. 하지만 그가 평생 독학의 결과를 실제의 삶과 정치 현실에 관철하려는 의지를 포기하지 않았다는 사실만큼은 변하지 않는다. 이것은 목전의 현실(과 이익) 앞에 책에서 읽고 쓰거나 말했던 원칙과 신념을 매순간 철회하거나 변경하기 일쑤인 범속한 다수의 태도와 전적으로 대비된다. 그렇지 않은 개인은 소수일 수밖에 없으므로 언제나 증오와 배척의 대상이 된다. 그러나 일본의 젊은 철학자 사사키 아타루가 단언한 바와 같이 책을 철저히 읽고 쓰는 일 그리고 그 결과를 현실에 관철시키려는 노력이야말로 세계의 근본적인 변화를 불러온다. 루터나 무함마드의 혁명은 바로 그러한 독학의 결과였다. 다소의 비약을 감수하고 말하자면 "자신의 욕망을 포기하지 말라"는 라캉의 명제와도 일정 부분 통할 것이다.

그의 비극적 죽음으로 인해 좌절된 기획의 출발점이 책을 읽고 쓰는 독학에서 비롯되었다는 사실 또한 엄연하다. 따라서 그의 마지막 순간 "책을 읽을 수도 글을 쓸 수도 없다"는 유서의 문장은 그야말로 통절하다. 그것은 그가 한국의 정치적 현실에 관철시키고자 했던 일체의 (독학했던) 원칙과 비전이 정적들의 권모술수에 의한 결정적인 반동 및 좌절에 직면했음을 고하는 애끓는 호소였다.

읽고 쓰는 일에 입각한 독학자로서의 대통령이 민주주의의 이상과 원칙을 관철하기 위해 스스로의 권력을 제한했던 일은 이제 책 또는 텍스트에나 존재하는 과거의 기억이 되었다. 그러나 그것을 다시금 독학하는 것, 즉 '민주주의의 역사'라는 책을 철저히 읽고 쓰는 일은 결국 살아남은 자의 몫이라고 할 수 있다. 그가 온몸으로 쓴 성공과 좌절, 운명의 이력과 행적은 한국의 민주주의에 대한 독학을 기꺼이 감행하고자 하는 후배들이 반드시 읽어야 할 책 자체가 되었다.

문재인 정부가 어느덧 3년차에 접어들었다. 촛불집회를 계기로 일순간이나마 억압되었던 과거의 망령은 세월의 망각을 틈타 다시 고개를 들고 있다. 특정 정파와 집단, 계층의 이익을 위해 수단·방법을 가리지 않는 정략적 사고와 권모술수로만 '정치'를 수행하는 이들이 다시 얼굴을 들이밀고 있다. 5·18광주민주화운동을 폄하하고, 최저임금 인상을 자영업자와 고용인 간 제로섬 게임으로 환원하며, 남북 간 종전과 한반도 평화 정착을 위한 다양한 노력을 기만적 술책으로만 간주하는 등 그들은 자기 세력의 이득 추구와 반대 정파의 평가절하를 위해 의도적인 대화 거부와 불통, 악다구니를 남발한다. 그러한 정치를 모방하여 시민적 공론장 한편에서 국익, 실리주의, 공정성 등의 명분을 내세우면서 마이너리티에 대한 혐오를 통해 자기 정당성을 유지하려는 이들도 여전하다. 한국의 '정치'를 둘러싼 오래된 통념은 아직도 끈질기게 살아 있다. 대의민주주의와 IT를 지고의 선이나 전가의 보도처럼 여기는 관점에 입각하여 양자를 결합시키려 했던 그의 방법론으로도 이것을 어찌하지 못했다. 4차 산업혁명 등 IT에 관한 낙관적 키워드를 앵무새처럼 반복하는 그의 정치적 후계자들 역시 이러한 정치에 관한 통념이 발휘하는 위력을 어찌지 못할 것이라는 사실은 자명하다.

과거 나는 주로 탄핵 반대 시위를 통해 분출된 이러한 정치에 대한 통념을 가리켜 '저들의 정치'라고 명명한 적이 있다(〈저들의 정치〉, 《말과활》 13호, 2017년 여름). 촛불집회, 웹상의 토론, 〈베테랑〉·〈내부자들〉·〈변호인〉·〈택시운전사〉·〈1987〉 같은 영화들, 심지어 법적 처벌을 통한 다양한 형태의 제재가 계속해서 이루어지고 있음에도 불구하고 '저들의 정치'라는 악의 생명력은 실로 끈질기다. '저들의 정치'는 당분간 완전히 사라지지 않을 것이다. 그러므로 우리는 이러한 '악' 또한 염두에 두고 이 시대의 IT와 대의민주주의에 대한 독학을 더욱 더 엄격히, 성실하게 수행해야 할 필요가 있다. 이것이야말로 노무현의 독학을 통한 성취와 유산과 한계를 아울러 넘어서는 유일한 길이다.

 조형래(문학평론가)

나의 삶이
당신에게
글이 될 수
있다면

여기, 여전히 소설을 꿈꾸는 소설가가 있다. 다만 살아남기 위해 자신을 감추어야 했던 시간들이 있었다. 상처 받는 것에 익숙해져, 그것에 무뎌지는 자신을 마주하기가 두려워지던 시기였다. 세상에서 고립된 게 외려 도움이 될 수 있을 거란 생각에 우연히 글을 쓰게 되었다. 겹겹이 쌓여 있던 사연들을 펼쳐놓으며 억눌렀던 정체성을 길어 올렸다. 그렇게 글쓰기는 삶의 거의 전부가 되었다.

트랜스젠더 김비가 소설을 만나기까지

소설가 김비(1971년 2월 13일생)는 트랜스젠더다. 학교에서 그녀는 세상의 편견을 배웠다. 그곳에서 처음으로 자신이 '정상'이라는 범주에 속하지 않는다는 것을 알게 되었다. 남들과 다르다는 이유만으로 폭력의 희생양이 되곤 했다. 생존을 위해선 몸가짐이나 행동, 말투를 조심해야 했다. 자신을 부정하는 것만이 사회에 내딛을 수 있는 길임을 공부했다. 그렇기에 누구보다 글이 각별할 수밖에 없었다. 글쓰기는 자신을 배려할 수 있는 유일한 방법이었다. 직접 대면하지 않아도 타인에게 말을 걸 수 있다는 것이 큰 용기를 주었다.

글쓰기를 전문적으로 배워본 적은 없었다. 그렇다고 학창시절부터 글쓰기에 남다른 재능을 보인 것도 아니었다. 그 흔한 백일장에서 상을 타본 경험 한 번 없었다. 글을 배우고 싶어 처음 문을 두드린 곳은 드라마 작가 교육원이었다. 방송극은 글도 쓰고, 돈도 벌 수 있게 해줄 거라는 막연한 생각에서였다. 초반에는 독특한 소재와 독창적인 이야기 전개 방식에 선생이나 동기들의 관심을 받기도 했다. 하지만 상급반으로 올라가자 '난센스'라는 규정이 돌아왔다. 애초부터 대중적인 코드를 바탕으로 한 방송극은 맞지 않았다. 다수를 대상으로 기성의 가치관과 적당히 타협해야 하는 방송극의 서사 구조는 소수의 이야기를 담고 싶어 했던 그녀와는 어울리지 않는 것이었다.

소설을 처음 쓴 것은 성소수자 온라인 동호회 게시판에서였다. 전에 써놓았던 방송극을 소설로 풀어낸 것이었다. 사실 소설은 다른 어느 장르보다 전문적인 글쓰기다. 단편의 미학과 장편의 문법도 엄연히 다르다. 그럼에도 그녀에게 소설이 각별했던 것은 그것이 소수를 위한 글쓰기가 될 수 있음을 예감했기 때문일 것이다. 소설은 세상의 지배적인 가치를 단순히 반영하지 않는다. 오히려 다수의 이데올로기를 반성적으로 되물으며, 그것의 한계를 지시한다. 소설은 추락하는 자들의 이야기다. 온갖 성공의 스토리를 들려주는 자기계발식 영웅서사들이 만연한 시대에, 소설은 세상에 쉬 드러나지 않는 가장 보통의 실패를 담는다. 소설에 자신의 사연을 위탁한 배경에는 아마 이런 연유가 있었을 것이다.

세계로 난 창門, kimbee.net

소설에 대해 거의 알지 못할 때였음에도 게시한 작품에 적지 않은 사람들이 호응해주었다. 자신의 이야기를 통해 전하고자 했던 생각이 누군가의 마음에 가 닿는 환희를 알게 되었다. 그러던 중, 동호회에서 알게 된 친구가 홈페이지를 개설하자는 제안을 해왔다. 김비의 이야기를 더욱 경청하

트랜스젠더 소설가 김비
불안한 다수보다 안정적인 경계인이 되고자 하는 그에게
소설은 가장 좋은 매체였다.

고 싶은 마음에서였을 것이다. 마침 글쓰기의 매력에 흠뻑 빠져 있던 시기이기도 했다. 고심 끝에 승낙했고, 그렇게 개설된 홈페이지(http://www. kimbee.net)에 많은 사람들이 찾아왔다. 트랜스젠더 김비의 이야기에 세상이 응답하기 시작한 것이다.

홈페이지 개설은 그녀의 삶을 바꾸어놓았다. 많은 사람들이 김비의 이야기에 감응했다. 그녀의 사연을 통해 자신의 상처를 보듬었다는 말을 들을 때면 잠을 이룰 수 없을 만큼 설레기도 했다. 반면 트랜스젠더에 대한 단순한 의문과 의심에서 찾아온 이도 적지 않았다. 때론 입에 담을 수도 없는 욕설을 듣거나 성적 모욕을 당하기도 했다. 그중에서도 그녀에게 가장 큰 상처를 준 것은 선의로 응해준 각종 인터뷰들이었다. 그즈음 성소수자에 대한 사회적인 관심도 높아져, 여러 매체에서 김비를 찾곤 했다. 그녀는 트랜스젠더에 대한 편견을 바로잡고자 대부분의 제안을 받아주었다. 하지만 매체는 진실을 전하는 매개체라기보다는 그녀를 상업적으로 이용하는 수단일 뿐이었다. 기대가 실망으로 이어지는 날들이 연속되었다.

소모되는 시간이 쌓여갈 즈음, 다시 소설을 쓰기로 마음먹었다. 잃어가던 자신을 다시 찾고 싶은 마음뿐이었다. 그렇게 완성한 작품이 《플라스틱 여인》. 트랜스젠더의 사랑과 비운을 담았다. 불안한 다수가 되기보단 안정적인 경계인이 되고자 한, 어느 여인의 선택에 관한 소설이었다. 이 작품으로 별다른 기대 없이 2007년 《여성동아》 장편소설 공모에 응했고, 당선되었다는 믿기 힘든 소식을 들을 수 있었다.

등단이라는 기적, 독서로의 침잠

등단은 김비에겐 그야말로 기적이었다. 그도 그럴 것이 애초《여성동아》 공모는 오직 여성들만 응시할 수 있는 것이었다. 당시만 해도 김비는 주민등록상 남자였다. 나중에 알고 보니 한 기자가 김비의 성 정체성을 알려주었다고 한다. 그리하여 다행히 심사에 오를 수 있었고, 심사위원들은 그녀의 가능성에 주목했던 것이다. 김비에게 등단은 단순히 소설가의 지위를 공인받았다는 의미만은 아니었다. 그보다는 오히려 세상이 자신을 여성으로서 받아주었다는 감격이 더 컸다. 등단 이후, 김비는 자신의

**김비의 짝지 박조건형이
김비를 그린 그림**
* 출처: 박조건형 블로그
(https://blog.naver.com/buddhkun2).

소설을 다시 돌아보게 되었다. 한없이 부끄러웠고, 그리하여 소설을 공부하고 싶다는 바람이 더욱 간절해졌다.

소설을 본격적으로 공부하고자 다짐했지만 방법을 알진 못했다. 문예창작학과 진학도 고려했지만 주변에서 만류했다. 창작을 아카데믹하게 습득한다는 것이 김비와는 어울리지 않는다는 이유였다. 생각해보니 그랬다. 문예창작학과의 존재를 감히 부정하는 것은 아니었지만, 이내 자신과는 맞지 않는다고 결론지었다. 그저 독서에 열중했다. 여러 작가의 작품을 찾아 읽었다. 작가교육원에서의 경험이 서사적인 짜임에 대한 이해에 조금이나마 도움이 되었다면, 독서는 자신의 문장들을 돌아볼 수 있는 채찍이 되었다. 지금도 문장이 메말라간다고 느낄 때면, 여전히 잘 써진 단편을 찾곤 한다.

관계 그리고 '소수의 앎'

등단 이후, 김비는 주로 사람 사이의 관계에 관해 탐닉했다. 서로 다른 존재들이 함께하기까지의 곤경과 그를 극복해나가는 과정을 담은 것이다. 그 과정이란 서로의 동일성을 억지로 찾아내는 게 아니라, 각자의 다름을 이해하는 여로에 가깝다. 그렇게 발표한 작품이 《빠쓰정류장》(2012)과 《붉은 등, 닫힌 문, 출구 없음》(2015)이라는 장편이다.

《빠쓰정류장》은 폐암 말기의 순옥과 직장에서 사고로 다리를 잃은 남편, 그리고 트랜스젠더 리브 간의 일시적인 동행을 그린 작품이다. 이들은 존재조차 확실치 않은 사연 많은 버스정류장을 찾아 전국을 떠돈다. 세상의 경계에 위태롭게 서 있던 이들이 삶의 여러 문턱들(터미널)을 통과한다는 상상력이 이채롭다. 반면 《붉은 등, 닫힌 문, 출구 없음》은 비상계단이라는 한정된(혹은 금지된) 공간에서 저마다의 상처를 지닌 사람들이 함께하는 과정을 그린 미스터리다. 위아래로 끝없이 이어져 있는 계단 위에서, 살기 위해 오르거나 내려가야만 하는 군상들의 '제자리걸음'을 담았다. 대체로 비슷하게 살 것이 강제되면서도, 그 안에서 어떻게든 서열을 정하며 오르락내리락하는 가엾은 사람들의 일상을 신비롭게 묘사한다.

이 두 작품에는 모두 트랜스젠더가 등장한다. 《빠쓰정류장》에서는 순옥의 여정을 이끄는 동반자 리브킴이, 《붉은 등, 닫힌 문, 출구 없음》에서는 남수 가족과 함께 비상계단에서의 탈출을 모색하는 수현이 바로 그렇다. 성 소수자를 처음 대면하는 주인공들의 반응은 한결같다. 이질적이며, 추하고, 부담스럽다. '덥수룩한 수염 위에 짙은 화장'을 한 리브킴은 아무리 봐도 '변태' 같으며, 우연히 수현의 멱살을 잡은 남수는 '물컹하고 탄력 있는 느낌의 덩어리'가 닿은 촉감이 불쾌하다. 시한부인 순옥이나 자살을 결심한 남수에게 트랜스젠더의 성 정체성은 결코 이해할 수 없는 '차이'이자 '간극'일 뿐이다. 이들 작품에서는 바로 이 화해 불가능한 간극이 쉽게 해소되지 않는다. 삶으로부터 버림받거나 죽음으로 투신하려는 이들에게 소수자들의 고민은 납득할 수 없는 감정의 여분일 따름이다. 정상성의 폭력에 희생당한 이들이 자신에게 행해졌던 바로 그 폭력의 논리로 가해자가 되는 역설의 순간들. 김비의 소설에서는 가장 만연하기에, 가장 잔인한 일상의 비참이 그렇게 담담히 재현되고 있다.

하지만 그럼에도 그들은 함께한다. 우연한 만남이 동행으로 이어진 것이다. 물론 서로가 이해한 것은 아니다. 다만 불가피했을 따름이다. 어쩌면 이해보다 중요한 것은 함께할 수밖에 없다는 그 불가피성을 깨닫는 데 있다. 죽음으로 내몰린 순옥에겐 자신을 회복하려는 리브킴의 의지가 간절했다. 살아야 할 이유를 상실한 남수에겐 수현과 같은 길잡이가 필요했다. 그들은 타자에게 아무런 기대를 품지 않지만, 각자가 다른 누구도 아닌, 바로 자신의 남겨진 삶을 위해서 서로를 품고자 한다. 누구로부터도 이해를 구할 수 없는 사람들 간의 동행은 타자의 인정에 기반을 두지 않으면서도, 함께할 수밖에 없다는 불가피성을 공유하기에 극적으로 가능한 연대다. 따라서 그들의 이 한시적인 연대는 언제나 위태롭지만, 그만큼 각별하다. 동행이 언제까지고 지속될 것이라고 확신할 수 없기 때문

김비의 짝지
박조건형이 그린 그림
* 출처: 박조건형 블로그
(https://blog.naver.com/buddhkun2).

에, 반대로 함께하는 순간이 영원해진다. 모두가 개별화되고 있는 세계를 다만 비관할 때, 외려 각자의 사연을 보듬어야 한다는 사유는 이렇게 가능하다. 일상으로부터 버림받은 자들의 거짓말 같은 만남이 소중한 이유가 바로 여기에 있다.

김비는 작품에 트랜스젠더를 의식적으로 삽입한다고 말했다. 소설가로서 성 소수자들의 삶을 위해 할 수 있는 최선의 방법이 그것일 게다. 의식적으로 삽입했다고는 하지만, 김비의 작품 속에 등장하는 성 소수자들은 반드시 거기에 있어야 하는 존재처럼 자연스럽게 등장한다. 이 자연스러움이 중요하다. 이는 한편으로는 소설적인 역량의 발현이겠지만, 다른 한편으로는 성 소수자들의 당연한 자리에 대한 감응이라 할 수 있다. 자신들과 다른 존재를 불쾌해하는 자들이 있을 수는 있다. 하지만 '성 소수자'라 불리는 사람들은 언제나 곁에 있었고, 이 사회를 함께 구성하고 있는 구성원일 따름이다. 이 사실만은 결코 부정될 수 없다. 그렇기에 그들은 이해나 화해, 인정의 대상이 아니다.

성 소수자들에 대한 김비의 정당한 사유는 물론 그 자신의 '당사자성'에서 비롯된 것이겠지만, 그보다는 타자에 대한 가장 기본적인 감수성에 충실한 결과일 것이다. 여성과 (이주)노동자, 그밖에 사회적·성적 소수자에 대한 혐오가 만연한 시대다. 혐오는 자신도 언제든 소수가 될 수 있다는 사실을 망각하려는 '다수의 환상' 위에서 출연한다. 이런 시대에 '다수의 환상'을 반성적으로 성찰케 하는, 그리하여 제도권 교육에서처럼 서열과 위계를 지고의 가치로 두지 않는 새로운 사유와 지식의 형태를 '소수의 앎'이라고 해두자. 김비의 소설은 이 '소수의 앎'을 재현하는 가장 출중한 교과서다.

나의 삶이 당신에게 글이 될 수 있다면

《한국일보》 기획물 〈진격의 독학자〉에 김비 편이 게재된 후, 기사가 링크된 거대 포털사이트에는 200여 개의 댓글이 달렸다. 성 소수자를 향한 비난이 대부분이었다. 내용과는 무관하게 나열된 욕설들, 그 자체로 김비의 사연을 닮은 것 같았다. 김비라는 이름 앞에는 소설가보다는 트랜스젠더라는 소수자성이 강조되곤 한다. 물론 소설을 쓰는 사람에게 트랜스젠더라는 정체성은 중요할 수도 있다. 하지만 작가로서 조명되기보다는 사회가 부여한 소수자라는 이름이 앞세워지는 현상이 과연 바람직한 것인지는 모르겠다. 소수자들은 강제된 소수자성을 경유하지 않고는 도무지 자신을 대표-재현할 방법이 없다. 현시하지만 재현될 수 없는 자들의 재현이 필요한 것이다.

김비의 소설적이며 실존적인 고민도 여기서 비롯된 것은 아닐까? 오로지 소수자로서만 발화 가능한 자들의 비참 말이다. 그리하여 자신의 비참을 기꺼이 당신들의 글로서 길어 올리는 노력을 주저하지 않는다. 나의 삶이 당신에게 글이 될 수 있다면. 한국사회의 가장 부정적인 구성 원리를 체현하는 앎-장소로서 김비의 희망(과 절망)이 자리한다. 우리가 김비의 말을 경청해야 하는 여러 이유 중 하나다.

결국 김비는 절망 앞에서야 비로소 타자를 이해하게 된다는 이야기를 전하고 있는 건지도 모르겠다. 세상은 그녀를 쉽게 외면하곤 했지만, 그녀는 세상을 포기하지 않은 것이다. 김비는 한국 문단에서 약간은 비켜서 있다. 그녀는 마감이 없는 소설가다. 청탁을 받은 적이 거의 없기 때문이다. 하지만 그래서 항상 쓸 수 있었다. 김비의 작품에 여러 출판사들이 응답하지 않았지만, 그녀는 원망하지 않는다. 다만 소설이 조금 더 다양해질 수 있었으면 한다고 말했다. 세상이 다채로운 만큼, 여러 소설의 여러 매력이 많은 사람들에게 전해질 수 있기만을 바랐다.

매출의 규모가 문단 내 위상과 직결되고, 대형 출판사의 바깥이 문단에서의 소외로 간주되는 시대이기에, 그녀의 바람은 더욱 소중하다. 배움을 '사는 재미'로 알고, 소설이 삶과 다르지 않은 김비의 이야기가 각별한 이유다. 그저 한 뼘만이라도 더 좋은 소설을 쓰고 싶다는 그녀, 여전히 소설을 꿈꾸는 소설가 김비의 이야기는 언제라도 당신을 기다릴 것이다.

 허민(문화연구자)

조선의
힘으로
근대화를
꿈꾸다

조선 최초의 철덕鐵德, 박기종

20세기 한반도의 문화지도는 철도의 등장으로 큰 변화를 맞이한다. 일본
은 조선에서 철도라는 근대문물을 주도적으로 설계한 후 건설에 착수했
으며, 1905~1915년까지 경부선·경의선·호남선·경원선에 이르는 주요
간선 철도망을 완성하기에 이른다. "생명의 혈액"인 동시에 "승리를 구가
하는 괴물이자 죽음의 신"[1]이라는 철도에 대한 극적인 규정은 조선에 등
장한 철도도 예외는 아니었다. 이 땅에 처음 철도라는 새로운 기계문명이
도입될 무렵, 그것을 끔찍하게 사랑했기에 더욱 자력으로 부설되기를 고
대했던 사람이 있었다. 바로 박기종(1839~1907)이다.
　1876년 강화도조약(조일수호조규)이 체결된 이후, 조선에서는 일본의

요청에 따라 제1차 수신사를 파견했다. 박기종은 이 제1차 수신사 일행에 역관譯官으로 참여했다. 부산에서 태어난 박기종은 정식 교육을 받지 못한 서민 출신으로 조선 상인과 일본 상인의 주변에서 일본어와 상업을 배워 거간居間 일을 맡아보았다.[2] 생존을 위한 독학은 그에게 역관이라는 기회를 주었고, 마침내 당대 경남 제일의 재력가·사업가라는 별칭을 얻으며 중추원의관과 판리공사 등 관직을 역임하기에 이른다.

박기종

박기종은 정규교육을 이수받지 못했다. 유년기시절 조선상인과 일본인 상인 사이에서 거간 일을 하며 일본어를 배웠고, 이것이 그에게 근대라는 세계로 발을 내딛는 기회를 마련해준 것이다. 생존을 위한 독학의 시간이 또 다른 독학의 가능성을 열어준 셈이다.

* 출처: 부산근대역사관 편찬 사료총서 1 《상경일기》.

그는 철도와 교육이 조선의 근대를 실행할 수 있는 최우선의 방법이라고 생각했다. 박기종과 기차와의 인연은 제1차 수신사 일행이 승차했던 특별열차로 거슬러 올라간다. 김기수를 대표로 약 75명으로 구성된 수신사 일행이 요코하마에 당도하자, 마중 나온 외무성 관리는 특별열차가 준비되어 있다며 그것을 타고 도쿄로 이동하자고 했다. 이 특별열차와 관련해서 기차를 앞에 두고 긴 복도가 이어진 집[장행랑長行廊]인 줄로만 알았던 김기수의 일화는 유명하다.[3] 특별열차를 통해 박기종도 처음 기차를 접했다. 1880년 제2차 김홍집 수신사 일행의 역관으로 참여하여 재차 일본을 시찰하면서 박기종은 철도라는 근대 기계문명에 빠져들게 된다. 그에게 철도는 곧 '학교'였다.

그는 조선인으로는 누구도 생각하지 못했던 1897년 당시 부산에 철도회사를 설립하여 농상공부에 허가를 신청했다. 그가 눈여겨본 곳은 하단포였다. 강화도조약을 체결하고 조선 최초로 개항된 이후, 부산은 전국의 물산들이 모여드는 물류의 중심이 되었다. 부산항 서쪽에는 낙동강 하구가 있었고, 낙동강은 내륙으로부터 쌀을 비롯한 모든 물산들을 배로 실어 나르는 중요한 물길이었다. 더군다나 하구의 끝에 위치한 명지(현재 부산 강서구 남단)는 전국 최대의 염전으로 명성이 높았다.

박기종은 경무관에 취임하면서 하단포와 부산항을 연결하여 각종 산물을 실어 나를 운송수단을 생각했다. 그의 머릿속에 떠오른 것은 요코하마에서 보았던 장행랑이었다. 서류가 미비하다는 이유로 반려되었던 부산철도회사 신청 건은 이듬해 5월 '부하철도회사釜下鐵道會社'라는 명칭으로 재신청하여 허가를 얻었다. 이것이 조선 최초의 민간 철도회사다. 당시 조선인의 주목을 받으며 다수의 유지들이 동참했다고 한다. 부하철도회사를 자본금 약 10만 5,000원의 주식회사로 창립한 이들은 경편철도[4]를 계획했다.

20세기 초에도 철도에 남다른 관심을 가진 사람들이 있었다. 지리를 좋아했던 최남선은 경부선이 개통되자 서울역부터 부산역까지의 정거장을 호명하며 지역의 역사와 풍경을 전하는 〈경부철도창가〉를 만들어 조선이라는 국토를 상상하도록 만들었다. 이광수는 《무정》을 비롯한 작품에서 기차를 만남과 이별, 자살, 독백 등 이야기가 살아 숨 쉬는 공간으로 묘사하며 적극적으로 활용했다.

하지만 박기종의 철도에 대한 애착은 단연 남달랐다. 그는 자신의 손으로 직접 건설한 선로에서 화륜거火輪車가 달리는 모습을 보고 싶어 했

부산지하철 1호선 노선도
박기종이 구상했던 부하철도는 부산항에서 하단포간 6킬로미터 정도의 경편철도를 부설하는 것이었다. 실제로 수차례 측량이 이루어졌고, 착공단계에 이른 것으로 알려져 있지만, 구체적인 노선도와 공사 진행 상황을 알 수 있는 세부자료가 거의 남아 있지 않다. 인용한 지도에 표기한 부분은 대티고개로 현재는 터널이 개통되어 있지만, 연구자들은 당시 기술로 이 구간을 건설하는 데 난관에 봉착했을 것으로 추정하고 있다. 좌절한 박기종의 꿈은 후대에 의해 1995년 서대신~신평 간 부산지하철 1호선 연장구간이 개통되면서 실현된 셈이다. ⓒ 다음지도

다. 1899년에는 대한철도회사를 주도적으로 창립했고 프랑스 회사가 소유하고 있던 부설권의 기한이 만료되자 즉시 정부에 신청서를 제출하여 승인을 얻는다. 이로써 경의선·경원선·함경선의 부설권을 획득, 한성 이북의 주요 간선 철도망을 건설할 수 있는 권리를 확보하게 된다. 지선철도로 눈을 돌리면서 1902년에는 영남지선철도회사의 설립을 이끌기도 했다.[5] 이 회사의 우선사업 대상 노선은 삼랑진~마산 간의 경부선 지선철도였다. '삼마철도'라고도 불린 이 노선은 경제성도 높았다.

철도라는 기계문명을 통해 근대를 기획하고, 세 차례나 민간 철도회사를 출자했던 박기종의 집념은 남달랐다. 그는 조선 최초의 '철덕'['철도 덕후(일본어 오타쿠를 한국식으로 발음한 '오덕후'의 줄임말)'의 준말]이었다.

실패한 철도 부설의 꿈, 즐길 수 없는 독학

1899년 경인선이 부설된 후 조선인이 독자적으로 철도를 건설한 사례는 없다.[6] 한국의 철도사업은 민간 철도도 함께 발달한 일본과 달리 해방 이후에도 대부분 국가 주도였다. 근대화에 필수적인 기간 교통망이었지만, 막대한 재원이 소요되었기 때문이다. 현재까지 한국에서 개인이 주도하여 철도사업에 남다른 관심을 기울이고 이를 실현하고자 노력한 인물로서 박기종과 같은 사례는 많지 않다.[7] 이런 점에서 박기종이 조선 최초로 민간회사를 건립하고 철도사업에 전력하여 후대에 '철도왕'이라는 별칭까지 얻은 것은 어찌 보면 당연하다.

둘째 아들을 철도학교로 유학 보낼 만큼 박기종의 철도 사랑은 각별했다. 하지만 그의 철도 부설사업은 모두 실패했다. 건설 기술과 노하우가 전무했던 19세기 말에 대규모 자본이 투입되는 사업을 조선인 1인이 계획하고 실현한다는 것은 불가능에 가까웠다. 뜻을 같이하는 유지들과 함께 회사를 조직했지만, 사실상 주도적으로 회사를 창립하고 업무를 추진했던 사람은 박기종 혼자였다. 그가 처음으로 기획했던 '부하철도'는 수차례에 거쳐 측량을 실시하고 공사에 착수했다고 한다. 그러나 기술과 자금의 부족은 해결할 수 없는 난관이었다.[8] 무엇보다 청일전쟁 이후 일본이 본격적으로 경부선 부설을 추진하면서 부하철도의 사업성은 현저히 낮아졌다. 한반도를 관통하며 왜관–삼랑진–구포 등 낙동강 중하류의 주요 포구도 경유하는 경부선의 개통이 확정되면서 굳이 낙동강하구에서 부산항을 연결하는 별도의 철로를 건설할 필요가 없어진 것이다.

경의선과 경원선, 함경선의 부설권을 획득했던 대한철도회사의 사업 범위는 애당초 대한철도회사가 감당하기 어려운 것이었다. 창립 이후 관료들의 봉급 일정액을 출자하는 등의 구체적인 방법을 제시하여 민간 자금을 동원하려 했지만 사업에 필요한 거액을 모으기에는 역부족이었다. 착공조차 하지 못한 상황에서 일본의 직간접적인 개입까지 이어지자 부설권은 대한제국 직영 서북철도국西北鐵道局으로 이관되었다. 한편, 영남지선철도회사의 주 사업노선인 삼마선은 일본이 경부선의 지선으로 구상 중이었다. 일본은 박기종이 부설권을 획득하자 자금 부족을 예상하고 차관의 도입을 제안했다. 결국 영남지선철도회사의 자본과 실권도 일본이 장악했다. 러일전쟁이 개전하면서 대부분의 주요 철도노선을 군용철도로 건설하기로 결정함에 따라 박기종이 남긴 회사명마저도 사라져버렸다.

박기종에 대한 역사적 해석은 상반된다. 대한제국이 철도라는 거대한 기계시스템을 자력으로 부설하는 과정에 깊숙이 개입했던 박기종의 시도를 높게 평가하고 지역사회에 공헌한 업적을 기리기 위해 그의 출생지에는 '박기종기념관'이 건립되어 있다.[9] 하지만 박기종이 결과적으로 경제적 '이익선'(국경에서 떨어진 지역에서도 국가의 이익과 관련된 경계선)과 '주권선'(자국 영토의 국경선)의 확장을 도모하던 일본의 한반도 철도 부설 과정에 협력한 것으로 판단하는 견해도 상당하다. 이러한 견해를 가진 이들은 대한철도회사가 추진했던 경의선 철도 부설사업의 경우 부산—하단포 구간의 철도 부설에 실패하고 막대한 빚을 지게 된 박기종을 비롯한 발기인들이 애당초 자금을 조달할 수 있는 능력이 없었기에 철도 부설은 불가능했다고 본다. 게다가 자금의 압박을 견디지 못한 대한철도회사가 일본의 차관을 지원받으면서 사실상 일본의 이해관계를 대리하는 창구 역할을 수행했다고 비판한다.[10] 또한 영남지선철도회사도 부하철도사업 실패에 따른 손실을 만회하고자 창립 초기부터 일본공사와 교섭을 시도한 것으로 파악한다.[11] 이들은 1902년 12월 30일 영남철도지선회사가 일본 다이이치第一은행과 차관 계약을 맺으면서 1903년에 삼마선 부설 권리를 경부철도회사로 양도했다는 점을 주요 근거로 든다.[12]

하지만 이 같은 냉정한 역사적 평가 속에서도 다시금 박기종에 주목해야 하는 이유는 분명하다. 그가 일본에서 처음 경험했던 '철도'라는 근대 기계문명을 조선에서 실현하고 싶었던 의지를 부정할 수 없다는 점 때문이다. 그 의지에는 '독학'이 숨어 있다. 사적 이익을 취할 수 있는 다른 사업은 얼마든지 있었다. 그럼에도 박기종은 자신의 손으로 철도를 부설하기를 고대하며 그가 주도한 철도회사에 헌신했다. 그는 근대라는 문명이 밀려들어오자 철도에 지대한 관심을 가졌다. 실패로 끝난 철도 부설의 꿈은 즐길 수 없는 독학의 시간들이었다. 꿈은 좌절되었지만 남다른 관심과

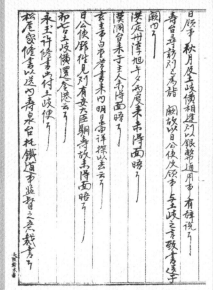

《상경일기》

박기종이 남긴 주요 기록은 《상경일기》와 《도총》이다. 두 자료는 그가 외부참서관에 임명된 이후, 서울에 거주하면서 기록한 각종 외교관련 사항을 비롯하여 그의 경제활동과 대일인식을 확인할 수 있는 중요자료다. 사진의 원문은 《상경일기》 1898년 3월 7일 자 내용으로 박기종이 철도와 관련한 기록을 처음으로 남긴 부분이다. '송미松尾'에게 편지를 써서 보냈는데, 수천대감(민영철)이 철도일의 감독을 부탁한다'는 내용이다. 좌절했던 독학의 꿈이 시작되는 순간들이기도 하다.

* 소장처: 부산박물관(원문은 부산근대역사박물관 편찬 영인본을 사용).

애정을 가지고 도전했던 역사의 현장은 사업가로서의 박기종이 아닌, 철도를 좋아했던 박기종이라는 한 사람의 정체성을 증명해준다.

기억을 전달하는 독학자, 박기종

지금도 서울 지하철 9호선을 시작으로 수서발 SRT에 이르기까지 철도 민영화는 효율과 경쟁을 통한 적자 보전의 현실적 대안으로 간주되면서 질주하고 있다.[13] 하지만 박기종이 추구했던 민간 철도회사는 오늘날 철도 민영화를 주장하는 철도기업과 큰 차이가 있다. 그는 조선인 스스로 철도를 부설하여 운영할 수 있다는 신념을 가졌고, 철도를 근대의 선도자로 지목했다. 그에게 철도는 자본을 담보로 생명과 권리를 취하는 사기업이 아닌, 조선이 갖추어야만 하는 공공재였다.

박기종은 국가의 부강을 위한 상업의 융성을 중요하게 생각했으며, 상업의 융성을 위한 필수적 문물로 철도를 지목했다. 하지만 그의 철도 부설사업은 실패했다. 철도의 자력 부설을 실현하기 위한 그의 노력은 추진 과정과 결과에서 확연히 드러나는 여러 한계로 인해 여전히 논란의 소지가 되고 있다. 그럼에도 박기종은 실패의 기억을 가감 없이 전달하는 훌륭한 선배 독학자이자, 철도의 탄생기를 적나라하게 보여주는 생생한 증인이다. 조선 철도 탄생의 실패담, 박기종은 한국 철도의 현재를 고민하는 출발점이다.

장병극(철도문화사 연구자)

1,200도 불꽃
자유자재로…
'과학 한국'
우리 손에
달려

초자
가공장인
∙∙∙∙∙∙∙∙∙∙∙∙∙∙∙∙∙∙∙∙∙

김종득 · 김진웅

1960년대 이래 한국의 과학기술은 눈부신 발전을 거듭했다. 1966년 한국 최초의 과학기술 종합연구소인 한국과학기술연구소KIST가 미국의 지원을 받아 설립되었고, 1970년대 들어서는 대전 유성구 대덕연구단지에 각종 정부출연 연구소들이 속속 들어섰다. 새로운 연구 기관들은 1970년대 중화학공업의 발전을 견인했고, 1980년대 이후로는 전자, 컴퓨터, 정보통신 등 새로운 첨단 산업 분야로 영역을 넓히는 데 일조했다. 또 이 무렵부터 대학원을 중심으로 과학기술 연구 활동을 중시하는 대학들이 등장하기 시작했다. 1971년에 한국과학원KAIS이 설립되면서 이공계 대학원 교육이 본격화되었다. KAIS는 1984년 설립된 한국과학기술대학KIT과 통합해 지금의 한국과학기술원(카이스트KAIST)에 이르고 있다. 그동안 대학-연구소-기업에서 활동해온 과학자와 공학자들의 공부가 한국 현대사에 미친 영향은 아무리 강조해도 지나치지 않다.

당연하게도 과학기술 연구자들의 공부는 책상머리에서만 이루어지는 것이 아니다. 근대 이후 세계 과학자들이 이룬 성취는 도서관과 책상뿐만 아니라 실험실과 공방工房에서 나왔다. 과학혁명기 영국의 과학자 로버트 보일Robert Boyle은 기체의 압력과 부피는 반비례한다는 '보일의 법칙'을 주장했다. 이처럼 깔끔한 과학적 법칙에 도달하기 위해 보일은 지저분한 실험실에서 여러 기술자들의 도움을 받아 수많은 실험을 수행했다. 1861년에 설립된 미국의 매사추세츠 공과대학MIT의 모토는 "마음과 손"(라틴어로 Mens et Manus)이다. 이론과 실기를 동시에 추구해야 한다는 지향이 담겨 있다. 좋은 과학자 또는 공학자가 되기 위해서는 머리로 생각한 물건을 손을 움직여 구현해낼 수 있는 능력을 갖춰야 한다. 하지만 과학자가 직접 하기 어려운 작업을 도와주는 전문가들도 있다. 그들의 '손으로 하는 공부'는 한국 과학기술의 발전을 보이지 않게 뒷받침했다.

공방에서 도제식으로 기술을 배우다

대전 유성구 궁동의 허름한 상가 건물 2층에 동명이화학이라는 작은 공방이 있다. 카이스트와 충남대학교 캠퍼스 사이에 위치한 이곳은 과학 실험용 초자硝子 가공을 전문으로 하는 김종득과 김진웅의 작업실이다. 일본어에서는 초자를 한자로 '硝子'라고 쓰고 '가라스ガラス'라고 읽는데, 네덜란드어로 유리를 뜻하는 'glas'에서 온 말이라고 한다.

용어에서도 알 수 있듯이 한반도에서 초자 가공이 시작된 것은 일제 강점기 때였다. 일본인 기술자들에게서 기술을 배운 조선인들은 해방 후 광명이화학이라는 업체를 세워 기능의 명맥을 이었다. 전성기였던 1960년대 후반에는 세공細工 부서에만 40~50명이 될 정도로 번성했다. 이들은 주로 제약회사에 앰플 병을 납품하거나 대학 또는 공공 연구기관에서 사용하는 실험용 기자재를 만드는 일을 했다. 김종득과 김진웅은 고등학교를 갓 나온 까까머리 시절인 1968년부터 광명이화학에서 일을 시작했다.

기술을 배우는 과정은 험난했다. 각오가 단단하지 못한 젊은이들은 고달픈 생활을 3주도 버티지 못하고 도망쳤다. 낙오자들의 빈자리를 메우기 위해 3개월 단위로 신입들이 들어왔다. 남은 사람들은 어떻게든 선배들의 기술을 배우기 위해 안간힘을 썼다. 경험 많은 선배들이 작업하는 모습을 어깨 너머로 유심히 지켜보는 것이 유일한 공부법이었다. 십대 후반의 이들에게 유리를 뜨거운 불에 달궈 입으로 불어가며 자유자재로 원하는 형태를 만들어가는 모습은 매혹적으로 보였다.

김종득·김진웅
김종득(왼쪽) 동명이화학 대표와 김진웅 부대표가 대전 작업실에서 나란히 앉아 일하고 있다.

김종득은 당시에 "기술 욕심이 대단히 많았다"고 회고한다. 동료보다 빨리 능숙해지기 위해 모두 퇴근한 밤에 작업장에 숨어 들어가 몰래 연습하다가 선배들에게 들켜 호되게 혼이 나기도 했다. 이러한 경쟁적인 분위기 덕분인지, 광명이화학 출신들은 타 업체에 비해 어렵고 복잡한 작업을 잘 해낸다고 업계에 소문이 자자했다.

1960년대 후반부터 이공계 연구소들이 생겨나기 시작하면서 해외 박사들이 대거 귀국하는 '두뇌 역유출'이 일어난 사실은 잘 알려져 있다. 그보다 덜 알려진 사실은 초자 가공 장인들도 줄지어 연구기관에 전속 기능직으로 들어가게 되었다는 점이다. 광명이화학 출신들의 계보도가 곧 한국 현대과학사의 계보나 다름없었다.

이들은 KIST, 원자력연구소, 표준연구소, 고려대학교 등에 속속 자리를 잡았다. 김진웅도 1978년에 홍릉의 한국과학원(지금의 카이스트)으로 이직했다. 일을 맡고 있던 광명 출신 선배가 두 해 전에 설립된 화학연구소로 스카우트되면서 생긴 자리였다. 카이스트 초자실은 거의 24시간 비상대기 상태나 다름이 없었다. 평소에는 교수와 대학원생들이 주문한 물건을 제작해주는 일을 했지만, 사용 중인 실험 도구에 문제가 생기면 자다가도 한밤중에 달려가 해결해주어야 했다. 특히 미생물이 들어간 실험이 시급을 다투는 경우가 많았다. 한 달 동안 공들여 배양했던 결과물이 수포로 돌아갈 수 있기 때문이었다.

김진웅은 1989년에 카이스트가 홍릉에서 대덕으로 이전할 때 같이 대전으로 내려와 2001년까지 이십 년 넘게 일하다 정년퇴직했다. 퇴직하고도 카이스트에서 걸어서 5분 거리에 위치한 공방에서 근 50년 지기 동료인 김종득과 여전히 같은 일을 하고 있다.

온몸에 축적된 한국 과학 연구의 역사

초자 가공은 손이 많이 가는 작업이다. 다섯 평 남짓 되는 이들의 작업실 벽에는 유리 가공에 쓰는 각종 도구가 빼곡히 걸려 있다. 작업실 한편에는 작업 재료인 고순도 유리관들이 쌓여 있다. 작업대 앞에는 나지막한 낡은 의자가 놓여 있고 그 앞에는 가스버너가 설치되어 있다. 김종득이 재빠른 손놀림으로 불을 붙이자 굉장한 화력의 불꽃이 솟아오른다. 이날 작업은 카이스트 화학과 유룡 교수의 연구실에서 의뢰한 촉매 반응기였다. 유룡 교수는 작년 톰슨로이터 사에서 선정한 노벨화학상 수상 예측 인물에 국내 과학자로는 처음으로 이름을 올렸을 정도로 왕성한 성과를 내는 과학자다. 그는 지난 이십여 년 동안 나노다공성 물질을 이용한 고효율 촉매를 연구하는 과정에서 동명이화학의 도움을 많이 받았다.

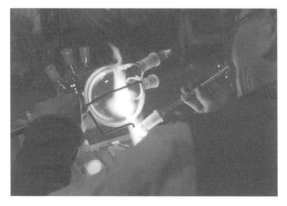

초자 만드는 과정
초자를 만들기 위해서는 1,200도가 넘는 뜨거운 불꽃을 다뤄야 한다.

김진웅은 연구실에서 보내온 주문도를 살펴본 후 익숙한 솜씨로 가느다란 유리관을 집어 불꽃에 달구기 시작했다. 유리관 속에 필터를 집어넣어 고정시킨 후 때때로 입으로 바람을 불어넣어 가며 모양을 만들어갔다. 필요 없는 부분은 입김을 넣어 팽창시킨 후 살짝 깨버린다. 복잡한 촉매 반응이 일어날 수 있도록 큰 유리관 안에 작은 유리관을 만들어 넣기도 했다. 이러한 고난도의 유리 가공을 할 수 있는 전문가는 국내에 몇 되지 않는다.

이들은 한국 최고의 과학기술 연구자들과 어떤 관계를 맺고 있을까? 오랜 경험에서 우러나오는 자부심을 숨길 수는 없었다. 연구자들은 특정한 과학기술 분야의 전문가지만, 초자 가공에 있어서는 이들이 '박사'다. 하지만 가끔 이들의 '손으로 한 공부'의 가치를 폄하하는 연구자도 없지는 않다.

"자기가 하라는 대로 딱 하라는 거여. 그런데 그 물건은 백 번 해도 안 되는 거여. 선배[교수]들이 다 해봤던 거고. 나는 안 되는 걸 알아." 책상물림의 갑질이다. 이럴 때는 모른 척하고 그냥 주문받은 대로 작업을 해준다. 그러면 십중팔구 실험에 실패해 다시 돌아온다. 대학원생들이 찾아오는 경우도 많은데, 이들을 20년 이상 지켜봐온 장인들은 이제 말하는 것만 들어도 어떤 실험을 하려는 것인지 대강은 알 수 있다고 한다. 도대체 말이 안 되는 요구를 하면 몇 가지 조언을 해주고, 일단 돌아가서 지도교수와 얘기를 해보고 다시 찾아오라고 이야기해준다. 논문에 이름이 올라가는 것도 아니지만—가끔 '감사의 글'에 이름이 등장하기도 한다—눈에 띄지 않는 비공식 지도교수 역할을 해주는 셈이다.

복잡한 형태의 초자 기구를 만들기 위해서는 섭씨 1200도 이상의 불꽃과 엿가락처럼 늘어나는 유리를 자유자재로 다룰 수 있어야 한다. 도자기 장인들이 가마에서 피어오르는 불꽃의 색을 보고 온도를 가늠하듯, 이들도 솟아오르는 불꽃 어느 부위에 유리관을 넣어야 하는지 직관적으로 알고 있다. 뜨거운 불꽃에 유리관을 집어넣고 균일하게 가열하기 위해서는 엄지와 검지를 이용해 계속해서 돌려줘야 한다. 그 덕에 두 장인의 지문은 흔적을 찾아보기 어렵다. 또한 형태를 잡기 위해 계속 입김을 불어야 한다.

　새 물건을 만들 때는 그나마 낫지만, 수리 의뢰가 들어오면 기구 안에 들어 있던 각종 화학 약품들이 기화氣化되어 입으로 훅 들어와 목을 지나 코로 빠져나간다. 카이스트에서 오래 근무하면서 수리 업무가 유독 많았던 김진웅은 벌써 두 차례나 암 수술을 받았고, 목이 많이 상해 목소리도 크게 낼 수 없게 되었다. 이렇듯 이들은 1970년대 이래 40여 년 동안 한국 과학기술 연구의 발걸음을 누구보다도 섬세하게 느끼며 온몸에 축적해왔다. 문자 그대로 한국 과학의 산증인이라 하지 않을 수 없다.

사라져가는 과학기술의 숨은 손들

우리는 어려서부터 책상머리에 앉아 책을 열심히 읽는 것이 공부라고 배웠다. 나이를 먹어가면서 공부하는 습관은 잃었을지언정 그 관념만은 또렷이 남아 있다. 선비를 숭상하고 장인을 천대하는 유교 문화의 유산일 이러한 관념은 현대의 과학 및 공학 공부에서도 강고하게 작동한다. 어린 학생들에게 알고 있는 과학자를 물어보면 대개 이론물리학자인 알베르트 아인슈타인의 이름이 가장 먼저 나온다. 과학자가 실험실에서 실제로 어떤 일을 하는지, 머릿속에서 떠올린 아이디어를 현실에서 어떻게 구현할 수 있을지에 대한 고민은 대학원에 진학해서야 맞닥뜨리는 것이 일반적이다. 하지만 과학기술 연구를 위해서는 '책으로 하는 공부'뿐만 아니라 '손으로 하는 공부'도 필수적이다. '마음과 손'은 일찌감치 같이 가야 하는 것이다.

'손으로 하는 공부'의 전문가들은 안타깝게도 과학의 역사에서 쉽게 드러나지 않는다. 한국에서뿐만 아니라 서양에서도 과학은 책으로, 또는 머리로 한다는 생각이 지배적이었기 때문이다. 예를 들어, 1845년에 에너지 보존 법칙을 발견한 영국의 제임스 줄James Joule은 운동량과 열의 상호 등가성을 알아내는 실험을 하면서 가업인 양조장의 경험 많은 장인들의 도움을 받았다. 우리는 과학 수업 시간에 '줄의 법칙'에 대해서는 배우지만, 양조장 장인들의 이야기에 대해서는 들을 기회가 많지 않다. 하지만 이러한 장인들의 활동은 매우 흥미로울 뿐만 아니라 과학자들의 성취에 결정적인 역할을 하는 경우가 많다. 이와 같은 사례는 과학의 각 분야에서 찾아볼 수 있다(혹시 관심이 있다면 클리포드 코너, 김명진·안성우·최형섭 옮김, 《과학의 민중사: 과학 기술의 발전을 이끈 보통 사람들의 이야기》를 보라).

김종득·김진웅
나란히 앉은 김종득(오른쪽) 동명이화학 대표
와 김진웅 부대표. 1968년 서울
광명이화학에서 처음 만난 두 사람은
여전히 함께 같은 일을 하고 있다.

1960년대 이후 한국에서 경제발전과 과학기술 연구가 본격적으로 시작되면서, 다양한 분야의 장인들이 결코 무시할 수 없는 한 축을 지탱했다. 이들은 서울의 청계천 공구상가와 세운상가, 대전의 대화동 공구상가 등지를 무대로 과학자, 공학자, 기업가들이 필요로 하는 기계 부품, 초자 기구, 전자 부품 등을 가공하고 조립하는 역할을 맡았다. 하지만 최근 들어 이런 장인들이 점점 사라져가고 있다. 청계천 공구상가 장인들은 상당수 은퇴하거나 수도권으로 밀려났다. 세운상가의 전자 부품 전문가들도 예전만 못하다는 이야기가 들려온다.

김진웅 장인이 2001년 정년퇴직한 후 카이스트 초자실은 후임을 구하지 못해 문을 닫았다. 덕분에 카이스트 교수와 대학원생들은 캠퍼스 밖의 동명이화학 작업실을 찾을 수밖에 없다. 힘들고 위험해 보이기까지 한 일을 꺼려하는 젊은이들의 마음도 충분히 이해할 수 있다. 다만 우리 사회가 보유하고 있었던 기능을 어떻게 유지, 보존할지에 대해 깊이 고민해야 할 필요가 있어 보인다. 여러 분야의 장인들이 담당했던 역할을 다음 세대가 이어가지 못한다면 한국의 과학기술 연구에 어떤 파급 효과가 있을 것인가? 평생을 아파트에서만 살면서 손으로 무언가 만드는 경험을 해보지 못한 젊은 학생들이 이공계 대학원에 진학해 실험 기구를 마트에서 파는 주방 기구나 가전제품처럼 생각하며 연구 활동을 한다면 어떤 한계에 봉착하게 될지 생각해봐야 한다. 그 빈틈을 메우는 '숨은 손'들의 가치와 이들이 해온 공부의 의미를 다시 되새길 필요가 있다.

최형섭(서울과학기술대학교 교수·과학기술사)

융합과
통섭을 실천한
근대 지식의
'오덕후'

소설에서 회계학까지 아우르다

지난 10여 년간 융합은 학계의 대세였다. 융합교육에 대한 관심은 "1980
년 이후 복잡한 실생활세계에 대한 설명력을 증가시키고 문제해결력을
높인다"[1]는 목표 아래 시작되었고, 한국의 경우에는 한국연구재단(구 학
술진흥재단)으로 대표되는 대부분의 정부 주도형 펀드들이 융합연구에 우
선순위를 부여하면서 본격화되기 시작했다. 이제 각 대학의 학과 안내에
서 융합전공에 대한 소개를 보는 것도 그리 낯설지 않다.

물론 타 학문에 대한 이해에 소홀했던 학계 풍토를 고려하자면 다양한
학문의 통섭에 대한 시대적 요구는 분명 타당한 측면이 있다. 그러나 둘
이상의 학문 영역이 융합이라는 이름 아래 졸속적으로 결합하는 경우가

얼마나 많은가? 실제로 융합이라는 이름으로 국적 불명의 어휘들이 유령처럼 한국사회를 떠도는 것도 사실이다. 하지만 신조어처럼 느껴지는 융합이라는 단어는 비단 오늘날의 요구에서 비롯된 것만은 아니다. 외려 그것은 근대 지식인들에게는 일상적인 덕목에 가까웠다.

시 〈오감도烏瞰圖〉, 소설 〈날개〉 등으로 유명한 이상李箱(본명 김해경)의 본업은 건축가였다. 〈김 강사와 T교수〉를 쓴 소설가 유진오俞鎭午는 대한민국 헌법의 기초를 놓은 법학자로 더 유명하다. 사실 근대의 지식인들에게 이런 일은 일상적인 풍경에 가까웠다. 신학문에 대한 뜨거운 열망은 학문의 경계를 넘나드는 것을 두려워하지 않았고, 그로부터 학문 간의 통섭이라는 과제가 자연스럽게 도출되었던 것이다.

현병주玄丙周(1880~1938)는 바로 이러한 시대에 가장 적극적이고 뜨겁게 '융합'과 '통섭'을 실천했던 만물학자였다. 그가 남긴 저술의 면면만으로도 우리는 현병주가 대단히 독특한 인물이라는 사실을 직감할 수 있다. 창작물인 소설뿐만 아니라 사실을 있는 그대로 적은 기록물인 실기實記, 길흉화복을 점치는 복서卜筮와 그에 따른 지지학地誌學, 회계학, 연설집에 이르기까지 현병주의 저술은 한 분야에 국한되지 않고 '근대'로 아우를 수 있는 여러 학문 분야에 폭넓게 포진해 있다. 이렇게 '근대'라는 미지의 세계를 말 그대로 '기록'함으로써 근대를 데이터베이스화하는 데 주력했던 인물, 현병주는 누구인가?

개성상인의 치부법[2]

현병주라는 이름에 처음 주목한 것은 회계학계였다. 1916년 발표된 현병주의 《사개송도치부법》[3]은 일본 학자들에게 먼저 주목을 받았고, 해방 이후 사라졌던 그의 이름을 다시 호출한 것은 회계학자 윤근호[4]였다.[5] 그러나 현병주의 생애를 구체적으로 논의한 것은 또 다른 회계학자인 조익순 (고려대학교 명예교수)[6]으로 그의 저술은 2000년대 들어 《사개송도치부법》에 대한 여러 논저를 견인하는 역할을 한다.

1880년 9월 28일생인 현병주는 성산 현씨의 후손이며 부친은 현기영이다. 성산 현씨는 조선시대에 역과·의과·음양과 등의 관료를 많이 냈던 것으로 유명한 연주 현씨에서 분적分籍한 성씨다.[7] 조선시대를 대표하는 테크노크라트technocrat(기술관료)라 할 수 있는 집안 출신답게, 현병주 역시 어린 시절부터 신식 학문을 다양하게 접할 수 있는 환경에서 자랐을 가능성이 높다. 근대라는 신학문 기록자로서의 자질 역시 이러한 집안 환경의 영향을 많이 받았던 것으로 추측된다.

'첫 부인인 이씨 성의 처에게서 장남을, 김씨 성을 가진 처에게서 차남을, 그리고 음씨 성의 처에게서 6남매를 두었던 것'[8]으로 보아 현병주의 혼인생활은 그리 순탄하지 않았던 듯하다. 조익순은 현병주의 후손을 추적하던 끝에 어렵게 딸과 사위를 만날 기회가 있었다고 한다. 그러나 비교적 젊은 나이에 절명한 현병주였고, 집안이 유복하지 못했던 탓인지 자녀들조차 그의 유품을 가지고 있지 않았다고 한다. 일제시기와 해방기, 다시 한국전쟁으로 이어지는 복잡한 한국의 현대사 속에서, 근대의 기록자 현병주가 단 한 장의 사진도 없이 오직 저술만으로 오늘의 우리와 마주하게 된 것은 안타까운 일이 아닐 수 없다.

그렇다면 저명한 회계학자인 조익순은 어떤 이유로 무명에 가까운 이 저술가에게 관심을 갖게 된 것일까? 그것은 현병주가 남긴 《사개송도치

개성 상인
개성 상인을 다룬 옛 드라마의 한 장면.
개성상인이 고도로 발달한 복식부기법을
썼다는 사실은 현병주가 남긴
기록을 통해 확인됐다.

《사개송도치부법》
현병주가 남긴 《사개송도치부법》.
개성 상인들이 쓰던 복식부기법을
자세히 설명한 기록이다.
국립중앙도서관 소장.

부법》이라는 저술 때문이었다. "이 책은 근대시기까지 입에서 입으로만 전해지던 개성상인들의 치부법治簿法을 기록한 것으로 개성인 김경식과 배준여 두 사람의 교열로 완성되었다."[9]《사개송도치부법》은 서양의 복식 부기가 조선에 전래되기 전, 조선 전통의 부기가 어떤 형태였는지를 알 수 있게 해준, 유일한 한국 회계학의 기원을 보여주는 소중한 저술로 평가받고 있다. 현병주에 대한 논의는 2000년대 이후 회계학계에서 가장 활발하게 진행되어 조익순의 《사개송도치부법전사》(태남, 2000)를 시작으로 《사개송도치부법의 발자취》(조익순·정석우, 2005), 《사개송도치부법 정해》(이원로 역, 2011), 《사개송도치부법》(정기숙 역, 2015) 등이 발간되었다.

그러나 《사개송도치부법》의 가치에도 불구하고 정작 그 기록자인 현병주에 대한 연구는 여전히 척박하다. 현병주의 생애 전반에 관심을 가지고 접근하면서 조익순이 가졌던 가장 큰 의문은, 현병주로 하여금 이토록 다양한 영역의 저술을 남기게 한 동력이 무엇이었는가에 있었다고 한다.

근대라는 요지경에 빠지다

현병주의 업적은 비단 회계학에 국한되지 않는다. 그의 저술은 소설에서부터 실기實記류, 구전되던 전통 예언서에 대한 기록물과 각종 강연 기록물까지 방대한 영역에 걸쳐 있다. 회계학계에서 윤근호와 조익순이 선구적인 연구사를 남겼다면, 문학계에서는 최원식(인하대학교 명예교수)을 꼽아야 할 것이다. 최원식은 현병주를 "망각된 저술가"[10]로 호명하면서 현병주의 저술을 구체적인 텍스트로 호출했다. 무엇보다 최원식은 "정사와 야사 사이를 횡단"[11]하면서 "조선 지배층의 관점과 그에 저항한 반체제의 관점뿐 아니라, 엘리트들 사이의 권력의 교체사 바깥의 하위자집단 subaltern의 관점"[12]까지도 억압하지 않은 현병주의 《수길일대와 임진록》[13] 이 지닌 가치를 높이 평가하고 있다. 또한 "현병주는 침략자 일본과 원조자 명明에 대해서도 균형 있는 서술로 동아시아 전란으로서 임진왜란의 국제적 성격을 드러내는 동시에 일본제국주의의 도정을 임진왜란으로부터 발견했으며, 이는 일국주의적 역사 서술을 넘어서는 현병주의 독특한 안목을 보여주는 것"[14]이라고 강조한다.

이러한 최원식의 견해를 수용하면서 현병주에 대한 기존 연구사를 바탕으로 본격적인 논의를 개진한 것은 장연연(산동여자대학교 교수)의 박사학위 논문이었다.[15] 장연연은 총 45편에 이르는 현병주의 저술 중 현재 확인이 가능한 총 25편 전체를 기본 텍스트로 삼았으며, 현병주를 둘러싼 회계학계와 국문학계의 연구사를 아우름으로써 근대 지식 그 자체에 매료되었던 현병주라는 인물을 새롭게 호명할 수 있는 바탕을 마련했다.

장연연은 현병주를 추모하는 민촌 이기영의 회고록에서 현병주의 놀라운 박학博學을 해명할 단초를 발견한다. 〈수봉선생〉[16]에 따르면, 현병주는 이기영이 열대여섯 살 무렵(1910~1911) 천안에서 '흥남서시'라는 서점을 경영했다고 한다. 이후 현병주는 경성으로 주거지를 옮기는데, 이때에도 서점업을 계속했던 것으로 보인다. 현병주가 1922년에 〈경성서적업조합〉이라는 기록을 남긴 바 있고, 1922년부터 1931년까지 여러 편에 달하는 현병주의 저술을 발행한 우문관서회의 주소와 현병주의 주소가 일치하고 있기 때문이다.[17]

이는 현병주가 1910년대에는 천안에서, 1920년대에는 경성에서, 최소한 20여 년간 서점을 경영했음을 보여준다. 이 점에서 본다면 현병주의 놀라운 박학은 집안 내력과 더불어 서점을 경영하면서 접한 신학문 탐독에서 비롯된 것임을 이해할 수 있다. 이기영의 회고에서도 "관동대지진 직후 귀국하고 나서 현병주의 집에 머물면서 신문학을 공부하기 시작했다"[18]고 전하는데, 그 이유는 현병주가 여전히 서점을 운영하면서 많은 서적을 보유했기 때문이리라.

이처럼 현병주는 서점 경영자인 동시에 여러 분야에 걸친 책을 남긴 저술가로 적극적인 활동을 펼쳤던 것으로 보인다. 그의 저서가 대창서원, 광문사, 회동서관, 삼문사 등 당대의 대형 출판사에서 출판된 것으로 보아 저술가로서의 인지도 역시 상당했던 것으로 추측된다. 1910년대에

《임진명장이여송실기》
현병주는 대중 작가이기도 했다.
그가 1933년 당시 최대 출판사 중 하나였던
덕흥서림에서 출간한
《임진명장이여송실기》.

는 신소설을 비롯하여 점을 치는 복서, 번역·번안 작품을 많이 남겼고, 1920년대에는 주로 근대 지식을 전달하는 강연이나 연설문을 묶은 문집이나 독본류를 남겼으며, 《엉터리들》과 같은 재담집을 내기도 했다. 또한 1920년대 후반부터는 역사소설이나 실기류 집필에 주력했다. 이러한 저술 태도는 당대 출판계의 흐름에 그대로 일치하는 것이기도 했다.

현병주가 출판물에 대한 동시대 대중의 코드를 충실히 따랐다고 해서, 그를 시류에 영합하는 저술가로 치부하는 과오를 범해서는 안 된다. 그는 근대 문물에 대한 대중의 요구에 충족하는 저술을 출판하는 동시에《사개송도치부법》(1916)이나 《조선팔도비밀지지》(1923), 《비난 정감록진본》(1923)과 같은 진귀한 고문서를 발굴하고 적극 출판함으로써 그 산실散失을 막아낸 뛰어난 고서 수집가이기도 했기 때문이다.[19] 이 점에서 본다면 현병주는 근대라는 요지경에 매료되었으면서도 거기에 함몰되지 않는 출판기획력을 갖춘 저술가였다고 평가할 수 있으리라.

기록, 데이터베이스의 중요성

50여 년의 생애 동안, 현병주는 실로 다양한 저술을 남겼다. 전통부기의 유일한 기록물인 《사개송도치부법》 외에 《남녀연합 토론집》이나 《시사강연록》 등은 당시 대중에게 유통되었던 신학문의 수준을 짐작할 수 있게 하는 중요한 기록물이다. 이처럼 근대에 대한 기록물로서 현병주의 저작이 갖는 놀라움에도 불구하고 그에 대한 연구가 상대적으로 소원했던 이유는, 기록물이나 그 데이터베이스화를 높이 평가하지 않았던 우리 사회의 연구 풍토 때문이었으리라. 더구나 그의 저술들이 어떤 한 분야의 기록물로 묶이지 않는 다양성을 가지고 있었기 때문에 집중적으로 다루어 지기 어려웠던 것도 한 이유였을 것이다.

오늘날 우리는 자료의 축적이야말로 학문의 진지한 출발점임을 분명히 인지하고 있다. 근대라는 거대한 충격을 기록함으로써 그 데이터베이스화를 선구적으로 실행한 현병주. 시대를 앞선 이 독학자의 이름을 새롭게 호명함으로써 일상 속에서 지식의 융합을 실천했던 근대인의 면면이 새롭게 조명될 수 있기를 바란다.

류수연(인하대 프런티어학부대학 교수·문학평론가)

1,800건의
북 리뷰로
추리소설의
지도를
그리다

1,838권의 독서, 1838편의 리뷰

"책을 읽을 때마다 기억 또는 추억에 잠긴다. 가장 먼저 떠오르는 것은 어떤 잔상인데 머릿속에 간직한 느낌을 다시 끄집어내면 코끝을 스치던 그때 그 냄새가 떠오른다. 아주 잠시 잠깐 스쳐 지나가는 찰나의 상념일 뿐이지만 내가 살아 있음을 느끼게 하는 힘이기도 하다."[1]

10년간 1,838권의 책을 읽은 사람이 있다. 연 평균 183권, 대략 이틀에 한 권 꼴로 책을 읽은 셈이다. 한국 성인의 연 평균 독서량이 10권에 조금 못 미친다고 하니 대단한 수치다. 그녀의 이름은 홍윤, 주로 활동했던 인터넷서점 알라딘에서의 필명은 '물만두'였다. 홍윤은 작가도, 평론가도, 문학연구자도 아니었다. 그녀의 '일'은 책을 읽고 자신의 독서 경험을 타인과 공유하는 것이었으며, 그녀의 '일터'는 알라딘의 '서재'(리뷰 게시판)였다. 그녀는 스스로를 '알바 리뷰어'라고 불렀으며, 남동생이 붙여 준 직업명은 '북 리뷰어'였다.

2016년 현재, 한국표준직업분류에 '리뷰어'라는 직업은 등록되어 있지 않다. 가까운 미래에 북 리뷰어가 사회적 의미의 '직업'으로 인정받기도 쉽지 않을 듯하다. 그럼에도 우리는 물만두 홍윤을 '리뷰어'로 기억할수밖에 없다. 홍윤이 생전에 가장 사랑했고 전력을 다했던 일이 바로 추리소설을 중심으로 한 장르문학 '리뷰'였기 때문이다. 그녀가 전신 근육의 힘이 풀리는 희귀병 '봉입체근염'으로 오랫동안 투병했으며 그녀의 방대한 리뷰 작업이 힘겨운 투병생활 중에 이루어졌다는 것은 북 리뷰어 홍윤을 이해하기 위한 부가적 정보일 뿐이다.

북 리뷰어 '물만두'의 탄생

"나는 추리소설을 좋아하고 대부분 추리소설만을 읽는데 감히 추리소설을 깎아내릴 리가 있나. 그래도 깎을 때가 있다면 출판사의 무성의한 오타 남발, 잘못된 제본 등등 때문이다. 우리나라 작가들에게는 조금 짜다. 내 자식은 매를 한 대 더 때리는 심정으로. 그것뿐이다."[2]

홍윤은 서른두 살이 되던 2000년 3월부터 인터넷서점 알라딘의 '서재'에서 '물만두'라는 닉네임으로 활동을 시작했다. 평소 좋아하던 음식에서따온 닉네임이라고 한다. 인터넷서점 알라딘이 오픈한 것이 1999년 7월이니 그야말로 1세대 리뷰어인 셈이다. 스물다섯이라는 젊은 나이에 발병한 봉입체근염으로 인해 정상적인 사회생활을 하기 힘들었던 홍윤에

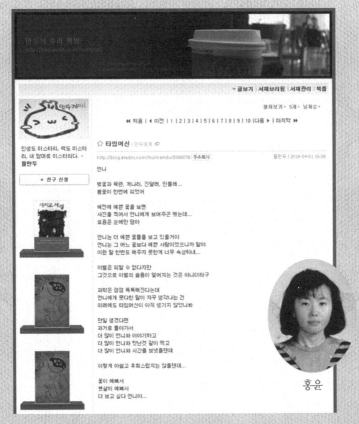

만두의 추리 책방
홍윤이 활동했던 알라딘 서재 만두의 추리 책방.
아직도 그녀를 추모하는 이들의 발걸음이 끊이지 않는다.

게 알라딘 서재에서의 활동은 세상과의 만남이나 마찬가지였다.

제도권 문학에서 비평은 제2의 창작으로 여겨져왔다. 전통적으로 비평가의 역할은 자신의 언어로 작품을 재구성함으로써 작품에 기대 있되 작품과는 다른 새로운 의미를 창출해내는 것이었다. 그러나 북 리뷰어의 역할은 비평가와 다르다. 북 리뷰어는 독자에게 자신의 독서 경험, 즉 사용자 경험UX(User Experience)을 공유한다. 이는 독자에게 손을 내밀고, 지도를 제시하고, 길을 안내하는 일이다. 그럼으로써 북 리뷰어는 독서의 즐거움이라는 '경험'을 보편화한다. 이는 문학(책)의 신화를 해체하는 작업이며, 근대 문학이 종언을 고한 이후에도 문학(책)을 읽는 일이 '흥미로운 경험'으로서 살아남기 위한 방식이기도 하다.

물론 온라인을 통해 독서 경험을 공유하려는 시도는 1990년대 초반 PC통신 시대의 하이텔, 천리안, 나우누리 등의 서비스상에서 꾸준히 있어왔다. 인터넷 시대로 진입한 이후에는 '비평고원'과 같은 전문 리뷰 커뮤니티가 형성되었고, 이곳에서의 활발한 활동을 통해 스타급 비평가, 서평가들이 등장하기도 했다.

하지만 물만두 홍윤의 작업은 이들과는 또 다른 장에서, 다른 방식으로 이루어졌다. 비평고원이 문학이 '상품'으로서 유통되는 '문학시장'과 엄격한 거리를 유지하고자 했다면, 홍윤은 인터넷서점, 즉 문학시장의 한복판에 거점을 두고 활동했다. 또한 문학작품에 대한 이론적 분석 작업에 주력했던 비평고원의 작업과 달리, 홍윤의 리뷰는 주로 개인적인 독서 경험을 전달하는 것이었다. 공적 목적으로 유물(책)을 체계적으로 수집, 분류, 전시하는 박물관과 사적 동기에 의해 유물을 수집하는 개인 콜렉터의 차이라고 할까. 따라서 홍윤의 리뷰에서는 추리소설에 대한 그녀의 애정이 두드러진다. "혹여 별점 때문에 추리소설을 안 읽는 독자가 생길까 봐" 자신이 리뷰한 책에 대해 언제나 후한 별점을 주던 홍윤이지만, 한국 추리소설에 대해서는 "내 자식 매 한 대 더 때리는 심정으로" 더 박한 별점을 주곤 했다.

물만두와 추리소설, 그리고 인터넷

"사회생활을 한 번도 해본 적이 없어 동료들을 가져보지 못했기에 어쩌면 여러분을 동료로 생각하는 건지도 모르겠다. 얼굴을 마주 대하고 만났다면 말도 못 붙였을 테지만……. 다른 사람들은 인터넷을 어떻게 생각하는지 몰라도 나는 내 인생의 축복이라고 생각한다. 미래를 차곡차곡 준비하는 동안 인터넷이 생겨 얼마나 다행인지 모른다."[3]

새로운 시대를 견인하는 것은 새로운 테크놀로지다. 최초의 추리소설로 알려져 있는 에드거 엘런 포의 《모르그 가의 살인사건》(1841)에서 주인공 오귀스트 뒤팽은 신문에 실린 정보만으로 사건의 진상을 정확하게 추리해낸다. 코난 도일이 창조해낸 명탐정 셜록 홈즈는 낱자로 오려낸 신문 활자를 보고 어떤 신문에서 오려낸 것인지를 추리해낼 정도로 신문이라는 미디어의 전문가였다. 고전적 추리소설에서 범죄와 맞서는 명탐정들의 최대 무기는 재력도, 무력도 아닌 정보를 수집하고 분석하는 능력이었다. 현대의 인터넷이 그렇듯, 신문이라는 매체는 근대적 시공간의 감각으로 세계를 연결하고 매개하는 최신의 미디어 테크놀로지였다.

코난 도일은 자신의 추리소설에 귀족 계급을 악역으로 자주 등장시켰다. 소설에서 귀족들이 저지른 범죄의 진상은 시민 계급에 속하는 명탐정

셜록 홈즈에 의해 낱낱이 밝혀진다. 셜록 홈즈는 이전까지 극소수의 상류 계급이 독점하던 '지식'을 그들보다 더 전문적으로 활용하는 이상적 근대 시민 계급을 표상하는 인물이다. 셜록 홈즈 시리즈의 대성공은 타고난 혈통 외에는 내세울 것 없는 귀족 계급이 아니라 이성과 지성을 갖춘 시민 계급이 세상의 주인으로 등장했음을 알리는 신호탄이었다.

홍윤이 좋아했던 뒤팽과 홈즈의 시대에 신문이 있었다면, 홍윤이 산 시대에는 인터넷이 지식과 정보의 유통 구조 자체를 바꾸는 뉴미디어로서 기능하고 있었다. 홍윤의 방대한 리뷰 작업은 현실적 시공간을 초월한 인터넷이라는 미디어의 개방적 소통구조에 힘입은 바 크다.

그렇다면 홍윤은 왜 추리소설이라는 장르에 유독 애정을 쏟았을까? 홍윤 스스로 남긴 기록에서도 볼 수 있듯이, 그녀는 무엇보다도 장르적 매력에 매혹되었던 듯하다. 추리소설 연구가인 줄리언 시먼스는 2차 세계대전 이전의 추리소설이 "확립된 질서를 어지럽히려는 사람은 모두 발각되어 처벌받는, 안심해도 좋은 세계"를 독자들에게 제공하며, "사회의 대리인인 탐정은 유일하게 고도의 지적 능력을 갖추도록 허락된 인물이었다"[4]고 분석한다. 홍윤은 추리소설이라는 '창'을 통해 세계를 내다보았기에 이러한 기본 구조가 인간을 바라보는 그녀의 따뜻한 시선을 형성했을 것이라고 생각한다.

또한 장소와 공간의 측면에서 보자면 선량한 사람들을 다룬 소설은 사회의 밝은 부분을 주로 드러내고, 악당들을 다룬 소설은 사회의 어두운 부분을 주로 드러낸다. 그런데 추리소설에서는 선량한 시민, 악당, 탐정이 모두 등장해 사회의 음지와 양지를 오가며 이야기가 진행된다. 따라서 추리소설이야말로 세계를 가장 폭넓게 조망하는 소설 장르라고 할 수 있을 것이다. 이것이 지병으로 인해 거동이 불편했던 홍윤이 유독 추리소설에 애정을 쏟았던 이유가 아니었을까.

인터넷서점에 인간의 온기를 더하다

"사랑받는 것보다 사랑하는 게 행복하다지만 둘 다 같은 무게의 행복을 선사한다. 나는 알라딘에서 그걸 배웠다. 내가 "힘들어요" 하면 모두 오셔서 "힘내세요"라고 위로의 말씀을 해주시고, 내가 "아파요" 하면 "아프지 마세요"라고 해주시고, 별로 웃기지 않은 얘기에도 웃어주신다. 그런 님들을 하루라도 안 보면 못살게 되었기에 아침에 눈만 뜨면 알라딘에 접속한다."[5]

   홍윤이 북 리뷰어로서 활동을 시작한 2000년대 초는 출판시장의 구조가 크게 변화하던 시기이기도 했다. 속칭 '양판소'(양산형 판타지 소설)와 '신무협'으로 대표되는 한국형 장르문학의 성장을 뒷받침했던 도서대여점 문화의 성장세가 한계에 도달해 하락해가고 있었고, '인터넷 교보문고'(1997), 'yes24'(1999), '알라딘'과 같은 인터넷서점들이 생겨나며 동네서점들이 경영난을 호소하기 시작하던 시점이었다.

   오프라인에는 있지만 인터넷서점에는 없는 것이 있다. 바로 '책 추천', 그리고 '입소문'이다. '양판소'와 '신무협'이 범람하던 시절, 책방(도서대여점) 주인의 추천 한마디는 절대적이었다. 극소수 유명 작가의 작품을 제외하면, 비슷비슷한 책들 사이에서 '괜찮은' 작품을 독자 스스로 고르기란 쉽지 않은 일이었기 때문이다. 따라서 책방의 거의 모든 책들을 섭렵한 주인의 추천은 '양품'과 '불량품'을 가르는 대단한 권위를 발휘했다.

《물만두의 추리 책방》
홍윤이 남긴
추리소설 리뷰를 묶은 책
《물만두의 추리 책방》.
추리 소설 입문자들에게
여전히 유용한 정보를
담고 있다는 평이다.

《별 다섯 인생》
홍윤이 남긴
일상의 소소한 기록들을 모은
《별 다섯 인생》.

학교와 동네에서의 입소문 또한 무시할 것이 아니었다. 재미있는 신간 혹은 인기 작품의 최신간이 나왔다는 소문은 순식간에 퍼져나갔고, 곧 책방에서도 서점에서도 구할 수 없는 책이 돼버리기 일쑤였다. 책방과 동네 서점 주인들, 그리고 그 단골손님들의 입에서 입으로 전해지는 '경험적 지식'이 곧 북 마케팅이고 홍보였던 것이다.

하지만 도서 유통의 중심이 오프라인에서 온라인상으로 옮겨가자 이러한 '경험적 정보'의 전달 고리에 공백이 생겼다. 구매자는 표지, 목차, 저자 등 극히 제한된 정보만으로 책 구매 여부를 결정해야 하는 입장이 되었고, 판매자로서도 '상품'에 대한 추가 정보를 예비 구매자에게 전달하기 힘들게 된 것이다. 이 공백의 지점을 채운 것이 바로 홍윤과 같은 1세대 북 리뷰어들이었다. 그들은 한때 책방 주인이, 동네 서점 주인이 그랬던 것처럼 책에 대한 자신의 경험적 지식을 예비독자들에게 전파했고, 차가운 인터넷 공간에 인간의 온기를 더함으로써 가장 아날로그적인 '책'과 디지털 문화의 최첨단인 '온라인 상거래'를 성공적으로 결합시켰다.

홍윤이 남긴 리뷰들과 신변에 관련된 잡다한 글들을 보면 책에 대한 애정에 앞서 인간에 대한 무한한 신뢰와 애정이 느껴진다. 직접적인 접촉이 부재하는 온라인 공간에서 활동하면서도 홍윤은 모니터 뒤에 있을 '사람'을 먼저 생각했다. 그녀가 알라딘 서재에서 함께 활동하는 동료 리뷰어들, 그리고 자신의 리뷰를 읽어주는 독자들을 진정한 '동료'로 생각하고 있었음을 그녀가 남긴 기록들에서 느낄 수 있다. 홍윤 본인의 표현을 빌리자면, 인터넷의 발달은 (몸이 불편한) '내 인생의 축복'이었던 것이다.

이런 홍윤의 마음은 그녀의 리뷰를 애독하던 독자들에게도 충분히 전달되었던 듯하다. 고인은 2010년 12월 13일 영면에 들었지만, 여동생 '만순' 씨가 관리하고 있는 고인의 서재에는 고인을 추모하는 사람들의 발길이 끊이지 않는다. 고인이 남긴 추리소설 리뷰를 추려 엮은 책《물만두의 추리 책방》(바다출판사, 2011)은 지금까지도 입문자들의 친절한 안내지도가 되어주고 있다.

외부의 권위에 쉽게 의존하는 시대,
물만두가 우리에게 던진 메시지

"내가 책을 통해 얻으려는 것은 어떤 지식도 지혜도 경험도 아닌 나 자신과의 소통, 내 과거와의 만남이다. 그로 인해 다시 내 미래와 이어지는 통로를 발견하기 때문이다."[6]

홍윤의 리뷰 작업에는 두 가지 일관된 원칙이 존재했다. 하나, 직접 읽은 책에 대해서만 쓸 것. 둘, 솔직하게 쓸 것. 대단한 이론적 지식으로 무장하고 있지 않았음에도 수많은 사람들이 홍윤의 리뷰를 신뢰할 수 있었던 것은 그녀가 이 두 원칙을 끝내 고수했기 때문이다. 홍윤은 성실한 리뷰어로서 언제나 뚜렷한 주관을 견지한 채 책을 대했다.

그녀가 추리소설을 평하는 기준은 복잡한 이론이나 전문가의 분석이 아니라 수천 권의 독서를 통해 그녀 스스로 쌓아올린 '경험적 잣대', 그뿐이었다. 이것이야말로 힘든 투병 중에도 1,800여 건에 달하는 방대한 리뷰를 남길 수 있었던 원동력이 되었을 것이다. 무협의 고수가 운기조식運氣調息으로 한 호흡 한 호흡씩 단전에 기를 쌓아가듯, 그녀가 평생에 걸쳐 한 권 한 권씩 성실하게 읽으며 쌓아올린 내공이 생의 마지막 순간까지 책과 당당히 마주할 수 있도록 그녀를 지탱해준 것이리라. 어떠한 권위에도 의존하지 않은 채 맨몸으로 책과 마주하는, 건강한 사람에게도 쉽지 않은 그 작업을 병마에 맞서 싸움과 동시에 해냈다는 것. 이것이 우리가 홍윤을 진격의 독학자로 기억해야 하는 이유다.

홍덕구(근현대 문학 연구자)

용접봉을
쥐던 손이
카메라를
들다

한국 유일의 산업사진가

조춘만은 아마도 한국에서 유일한 산업사진가일 것이다. 원래 산업사진
가 하면 산업체에서 돈을 받고 홍보용 사진을 찍어주는 사람을 말한다.
그러나 그들은 산업 경관을 자신의 작품 소재로 다루지는 않는다. 위촉
받은 일거리로 다루는 것이다. 그들에게 산업 경관을 좀 더 장엄하게, 자
세하게, 구조적으로 보여주려는 욕구는 없다. 그저 회사 소개용 브로셔
에 들어갈 공장 전경만 찍으면 된다. 그런 사진에는 산업 경관에 대해 궁
금해하고 더 보고 싶어 하는 욕망이 없다.

　대부분의 산업체들은 자신들에 대해 들여다보고 알려고 하는 외부의
시선을 극도로 꺼린다. 조춘만은 그런 산업의 속 모습을 보고 싶어 하는,

진정한 산업사진가다. 조춘만은 산업사진이라는 것을 누구에게서도 배우지 않았다. 그럴 수밖에 없는 것이, 한국에 산업사진이라는 분야도 없을뿐더러 가르치고 배울 만한 사람도 없었기 때문이다. 산업 경관을 보는 시선을 그는 독자적으로 익힌 것이다. 사실 그는 사진 자체를 스스로 배웠다. 그렇다고 그가 돈이 많고 시간이 많아서 사진을 시작한 것은 아니었다.

용접사가 사진기를 들기까지

조춘만은 1955년 지금은 대구시로 편입된 달성군에서 태어났다. 꽤 가난했던 가정형편 탓에 그는 초등학교만 졸업하고 산에 나무 하고 꼴 베러 다녀야 했다. 이 일 저 일 하다가 42살이 돼서야 중학교, 고등학교를 같은 해에 검정고시로 졸업했다. 그 사이에는 무슨 일을 한 걸까. 1974년 현대중공업 선체건조부에 입사한 그는 용접사로 선체를 조립하는 일을 했다. 조춘만이 농사를 버리고 용접을 택한 것은 한국이 농업국가에서 공업국가로 탈바꿈한 과정의 축소판이었다. 1978년에는 포항제철 3고로 건설 현장에서 배관 용접을 했다. 1980년에는 사우디의 현대건설 현장에서 2년 동안 배관 용접 일을 했다. 1982년에는 현대건설 쿠웨이트 서도하 발전소 현장에서 1년간 배관 용접을 한다. 그 뜨거운 사막에서 1년여 동안 거의 쉬는 날 없이 일했다고 한다.

그 후 한국으로 돌아와 현대중공업 의장생산부에서 일했다. 중공업, 발전소, 제철소, 정유공장, 석유화학 공장 등에서 일하면서 그는 파이프라인과 볼 탱크, 뼈대를 이루는 H빔 등을 통해 다양한 산업 괴물들을 만

조춘만
철의 노동자 출신 사진작가 조춘만의 모습.

났다. 한국 현대사에 나타난 산업의 괴물들은 크고, 튼튼하고, 초인간적이었다. 그 괴물들은 조춘만을 가만 놔두지 않았다. 그는 괴물에게 물리기도 했다. 용접 때 불똥이 튀어서 옷에 구멍이 나는 일은 흔했다. 불똥하나가 귓속으로 들어가 고막을 태우는 바람에 지금까지 청력에 약간 이상이 있다. 물론 여러 산업 괴물에 희생된 수많은 사람들에 비하면 운이 좋은 편이다. 그는 그런 괴물들의 사진을 찍었다. 젊은 시절 산업에 몸 바치는 동안 무서움뿐 아니라 매력도 같이 느꼈던 괴물들의 다양한 모습을 남기고 싶었다. 이는 괴물의 트라우마를 극복하고 자기 것으로 받아들일수 있음을 뜻하는 의미심장한 일이다.

사진의 '사'자도 모르던 그가 사진에 눈 뜬 것은 울산 지역의 온산공단에 관심을 가지면서부터였다. 온산공단은 중화학공업단지와 비철금속업체들이 입주해 있어서 다른 지역에 비해 황화합물과 질소화합물 등 대기오염 물질의 농도가 높아 1986년에는 대기 특별대책 지역으로 지정된곳이다. 이 때문에 지역 주민들이 많은 피해를 보자 조춘만은 그들 중심의 이른바 휴먼 다큐멘터리를 찍었다. 주제는 '개발'과 '소외된 사람들'이었다. 이때만 해도 산업사진가 조춘만은 아직 나타나지 않았다. '개발 지역의 소외된 사람들'이라는 소재 겸 주제 역시 이미 남들이 다 해놓은 것이었다.

조춘만이 사진 중에서도 '산업사진'에 관심을 가지게 된 것은 현대중공업에서 용접사로 일하던 경험을 떠올리고 나서의 일이다. 19살 때부터시작한 중공업 현장에서의 힘든 노동이 그의 산업사진의 밑거름이 된 것이다. 이전에는 매캐한 연기가 가득한 용접 현장에서 일하기 바빴던 탓에사진을 찍는다거나 멍하니 경관을 바라본다든가 할 수 없었다. 그러던 그가 산업 경관을 찍은 사진을 모아 〈Townscape〉라는 제목으로 첫 개인전을 연 것이 2002년, 경일대학 사진영상학과를 졸업한 것이 그의 나이 48세 되던 2003년이었다. 학생으로는 한참 늦깎이였으나 조춘만은 이미 오래전부터 산업 경관에 관심을 가지고 있었다.

사진기를 든 모험가

조춘만과의 만남은 내가 산업 경관에 눈을 뜨게 된 시기와 그가 산업사진을 추구한 시기가 맞아떨어졌기에 가능한 일이었다. 2004년 어떤 분의 소개로 인천항과 송도 LNG 저장탱크 기지에 들어갈 기회가 생겼는데, 그때 본 산업 경관의 위용과 섬세함에 압도된 나는 '기계비평'이라는 것을 해보기로 결심했다. 나중에 화물선을 타고 전 세계의 항만을 다니며 본 시설들에 비하면 훨씬 작고 낡았지만 생전 처음 가까이에서 본 때문인지 인천항의 중공업 시설과 산업 경관은 실로 놀라웠다. 그것들은 매우 복잡하고 튼튼하면서도 작동의 비밀을 잔뜩 숨기고 있었다. 그때 결심했다. 저 엄청난 경관에 숨어 있는 비밀스러운 생명력을 파헤쳐서 분석해보자고.

산업 경관의 생명력이란 엔진이 돌아가게 하는 힘, 그 작동에 필요한 요소들을 갖춰주는 배려, 구조물을 버텨주는 계산, 건설과 유지관리의 힘 같은 것들이다. 사실 그때나 지금이나 내가 그런 산업기계에 대해 아는 것은 매우 제한적이다. 전문용어나 수식이 나오면 이해하기 힘들어진다. 하지만 기계라는 존재가 다른 사물들과 구별되는 존재양상과 존재감을 가지고 있다는 확신이 들어 본격적으로 파고들기 시작했다.

그 무렵 서울시립미술관에서 다른 두 명의 기획자와 함께 〈다큐먼트〉라는 사진전시를 기획하게 됐는데, 나는 산업사진을 중점적으로 보여줬다. 아마도 한국에서 수주를 받아 찍은 사진이 아닌, 자발적으로 찍은 산업사진들을 한데 모아 전시한 최초의 사례가 아닌가 싶다. 여기에 조춘만의 산업사진들이 전시됐다. 2005년에는 쌈지 스페이스에서 〈K237 주거환경 개량사업—충격과 당혹의 다큐먼트〉라는 전시를 기획했는데 조춘만은 여기에도 산업사진가로 참가했다. 당시 작가와의 대화는 작가들이 각자 자신이 맡은 가짜 혹은 진짜의 역할을 보여주는 것이었는데, 조춘만은 용접할 때 쓰는 마스크를 들고 나와 '용접공'이 아닌 '용접사'로 불러달라고 주문하며 자신을 용접사이자 사진가로 세상에 각인시킨다.

〈조선소〉
조춘만 2015년작 〈조선소〉.

내가 그를 사진가로서 높이 평가하는 이유는 그가 끊임없이 탐색하는 모험가이기 때문이다. 그가 오늘날 산업사진가가 되는 데 편의나 특혜를 준 이는 아무도 없다. 산업 경관 사진을 찍기로 한 것, 아무도 허락해주지 않는 경관을 찾아서 찍은 것은 모두 조춘만 스스로가 헤쳐나간 길이다. 대부분의 산업체들은 사진 찍히는 것을 꺼려하기 때문에 조춘만은 적당한 장소를 골라 그림이 될 만한 곳에서 찍었다. 아마 울산 시내에서 중공업 공장이 보이는 산이며 아파트는 다 올라가봤을 것이다.

열정의 화신인 조춘만은 온갖 어려움을 뚫고, 수단과 방법을 가리지 않고 자신이 사진 찍고 싶은 자리를 반드시 찾아내고야 만다. 그를 따라 사진 찍는 장소들을 가본 적이 있는데, 어떻게 이런 곳을 찾았을까 싶은 곳들이 많았다. 모두 열정의 산물이다. 그렇다고 울산 사람들이 모두 그의 열정을 이해해주는 것은 아니다. 울산사진작가협회 부회장을 지내기는 했지만 협회에서도 그의 사진을 이해하는 사람은 별로 없었다고 한다. 협회 회원들이 주로 찍는 사진은 해 뜨는 사진이나 봄꽃 사진 등 유형화된 것들이 많다. 그런 눈에 중공업 현장 사진은 심미적인 것으로 다가오지 않는다.

조춘만의 노동자로서의, 사진가로서의 재능을 알아봐준 것은 프랑스의 극단 오스모시스다. 그들은 전 세계를 순회하며 철을 주제로 하는 〈철의 대성당〉을 몇 년째 공연하고 있는데, 조선업과 중공업이 발달한 한국의 용접사를 찾고 있었다. 우연한 기회에 조춘만을 만난 오스모시스 극단은 바로 그와 결합하여 프랑스의 샬롱, 독일 자르브뤼켄, 룩셈부르크, 코소보의 코소보 프리슈티나 등 유럽 여러 곳에서 공연했다. 중학교도 못 나온 가난한 농부였던 조춘만이 스스로의 힘으로 산업사진가가 되고 프랑스 극단과 공연하는 퍼포먼스 아티스트가 된 것은 놀랍고 흥미로운 일이다.

조춘만이 울산에 살면서 울산을 터전으로 사진 작업을 한다는 것은 여러모로 의미 있는 일이다. 울산은 세계 최대의 산업 경관을 가졌을 뿐 아니라 신화의 도시이기도 하다. 현대그룹 정주영 회장이 영국의 은행에 가서 거북선이 그려진 500원 지폐와 아직 터도 안 닦은 울산의 바닷가 사진을 보여주면서 외자를 얻어온 것은 유명한 일이다.

그렇다면 조춘만이 그렇게 모든 것을 바칠 정도로 열중하고 있는 산업 사진의 의미는 무엇일까? 1970년대에 "공장에 다닌다"고 하면 불우한 인생으로 여겼다. 전태일이 "우리는 기계가 아니다"라고 외치며 청계천에서 분신한 것이 1970년이었다. 당시 대부분의 사람들에게 공장은 그저 돈 벌러 가는 곳이었다. 공장의 풍경은 너무나 복잡하고 알 수 없는 세계이거나, 그저 삭막하기 때문에 찬찬히 쳐다볼 가치가 없는 대상이었다. 산업 경관의 숭고미를 감상한다는 것은, 설사 미의 개념이 아무리 무관심적 쾌에 있다고 해도 어느 정도는 산업 자체에 대한 이해를 전제로 한다. 석유 에너지에 관심이 있어야 정유공장을 아름답다 할 수 있을 것이고, 선박에 관심이 있어야 조선소를 아름답게 볼 수 있을 것이다. 그러나 1970년대의 한국에서 대부분의 사람들은 산업에 짓눌려 있을 뿐이었다. 공장 풍경을 아름답게 볼 사람은 아마도 포항종합제철을 세운 박태준 같은 이밖에 없었을 것이다.

1980년대 이후가 되면서 산업 경관의 표상은 새로운 국면에 접어든다. 기업연감annual report이라는 것이 발행되기 시작했기 때문이다. 물론 산업 경관에 대한 인식에 전면적인 변화가 일어난 것은 아니다. 기업연감에 산업시설의 사진이 실리긴 했지만 그 사진들은 '우리 공장이 이렇게 크고 화려하다'는 사실 하나만 보여주는 지극히 단순한 진술을 하고 있을 뿐이다. 어차피 기업연감에서 중요한 것은 통계수치이지 이미지가 아니기 때문에 산업 경관을 담고 있는 사진은 참고도판일 뿐이다. 사진의 구도는 항상 공장의 전경을 배경으로 작업복을 입고 헬멧을 쓰고 손에는 설계도를 든 직원이 손으로 멀리 하늘을 가리키는 상투적인 것들뿐이었다.

자본의 프로파간다를 넘어서

그 사진들은 엄밀히 말해 산업에 대한 표상이 아니라 자본의 프로파간다였다. 1970년대의 산업 표상이 국가의 프로파간다였다면 1990년대의 기업연감 사진은 자본의 프로파간다라는 점이 다를 뿐이다. 따라서 사진들은 여전히 상투적이고 아무런 정보도 주지 않는다. 한국에는 필요에 의해 찍은 공장 사진은 있었지만 그것을 멋지고 의미 있는 경관으로 찍은 사진은 없었다. 한국 사람들은 근대화를 위해 산업이라는 괴물을 끼고 살아야 했지만 그것을 표상으로 만들어서 다스리는 법을 배우기까지는 한참을 기다려야 했다.

공장을 멋지고 의미 있는 경관으로 보고 찍은 사진에서 중심적인 가치는 '애호'다. 국가에 중요하거나 근대화의 상징이라서가 아니라, 오로지 내 눈에 저 경관이 아름다워 보이기 때문에 찍는다는 것이다. '내'가 좋아한다는 것은 국가발전이나 근대화의 상징이라는 것보다는 훨씬 사소해 보인다. 국가나 근대화가 작은 개인인 '나'보다 훨씬 크고 중요한 것으로 여겨지기 때문이다. 국가나 근대화는 개인의 애호가 아니라 구국의 사명감에 기초해 있는 것으로 보인다. 그러나 국가와 근대화를 위해 얼마나 많은 '나'가 희생되었는가. 희생된 것은 '나'의 목숨만이 아니라 '나'의 권리와 취향이었다. 21세기에 들어서 조춘만은 국가발전의 사명감에 치여 잃어버렸던 '애호', 즉 자신이 순수하게 좋아하는 시선을 찾아 나선다. 중공업의 경관은 누구의 것도 아니었다. 산업체를 소유하고 운영하는 자들은 경관에 큰 관심이 없고, 거기서 일하는 사람도 바빠서 경관에 눈을 돌리지 않는다. 조춘만은 누구의 것도 아니었던 중공업의 경관을 자신의 애호에 기반하여 선택하고 우리에게 되돌려준다. 이는 아주 작은 일이지만 매우 의미 있는 역사적 전환이다. 우리 곁에 있었지만 우리의 시선 안에 들어오지 않았던 중공업의 경관을 이제야 볼 수 있게끔 해주기 때문이다.

⟨석유화학공장⟩
조춘만 2014년작 ⟨석유화학공장⟩.

조춘만의 사진은 서서히 주목받고 있다. 2015년 국립현대미술관에서 열린 광복70주년 기념전시회 〈소란한, 뜨거운, 넘치는〉에 2점이 전시됐다. 돈 벌어주는 산업 하면 구글과 페이스북을 떠올리는 요즘 강철로 된 산업은 왠지 뒤로 밀리는 느낌이다. 하지만 먼 미래에 21세기의 산업을 되돌아보려면 과거에 대한 참고자료가 필요하다. 조춘만의 사진이 소중한 이유다.

먼 미래를 생각할 필요도 없다. 얼마 전까지 한국의 조선산업은 큰 위기를 맞았다. 철강과 조선산업이 유럽과 미국에서 일어났다가 일본을 거쳐 한국으로 넘어왔지만 다시 중국으로 넘어가면서 울산의 산업 경관도

〈석유화학공장〉
조춘만 2014년작 〈석유화학공장〉.

지금 같지 않으리라는 예상은 했었다. 그런데 그 몰락의 시기가 예상보다 빨리 왔다(물론 최근 LNG선 등 고부가가치 선박을 중심으로 호황을 구가하고 있어 몰락이 섣부른 진단으로 보이기는 한다). 아이러니하게도 조춘만의 사진은 몰락을 말하고 있는 바로 지금 더욱 소중하게 다가온다. 기록이라는 것을 잘 남기지도 않고 소중하게 생각하지도 않는 한국 산업의 특성상 중공업의 활황이 지나가면 언제 그랬냐는 듯이 아무도 그 경관을 기억하지 않게 될 것이다. 그때 조춘만의 사진은 소중한 기록이 될 것이다. 기록은 먼 미래를 위해서가 아니라 당장 내일을 위해 필요한 것이다.

근대의 역사적 자료를 찾기 위해 일제가 남긴 자료를 뒤져야 하는 현실을 떠올려보자. 당시 조선이 신통한 기록을 남기지 않았기 때문에 우리는 식민지 지배자들의 기록에 의존해야 한다. 이런 결핍의 역사가 언제까지 반복돼야 하는 걸까? 조춘만 덕분에 우리는 최소한 산업미에 대해서만은 기록의 역사를 가지게 될 것이다. 조춘만은 이 모든 것을 혼자서 이루어냈다. 그의 스승은 어릴 적부터 체득한 고된 산업노동과 사진의 시선뿐이다. 그래서 조춘만이 독보적인 사진가가 된 것이다.

조춘만에게서 가장 놀라운 점은 독학의 에너지를 항상 품고 있다는 것이다. 흔히 사람은 나이 40이 넘으면 변하기 어렵다고 한다. 그러나 나이가 50을 훌쩍 넘어 60을 바라보는 조춘만의 사진은 계속 진화하고 있다. 몇 년 전 내가 좀 더 다양한 양식의 산업사진을 찍어보고 빛도 다르게 해석해보는 게 어떻겠냐고 제안했을 때 그는 산업사진이 다 비슷해서 변화를 꾀할 여지가 별로 없다고 답했다. 그러나 몇 달 후 그가 보여준 사진은 놀랍게 달라져 있었다. 밤낮으로 산업현장을 찾아다니며 새로운 빛, 새로운 양식의 사진을 만들어낸 것이다. 그가 2016년 5월 전시공간 '지금 여기'에서 개최된 개인전에서 보여준 사진은 이전의 것과 완전히 다른 사진이었다.

예술가 중에는 하나의 모티브나 양식을 평생 고집스럽게 추구하여 유명해진 사람들이 많다. 평생 물방울을 그려 물방울 화가로 유명한 김창렬이나 점을 그려서 유명한 이우환 같은 분들이 그렇다. 이와 달리 조춘만은 지금도 독학의 에너지로 이전에 자신이 한 것에 만족하지 않고 계속 새로운 지평을 탐색하고 있다. 그는 자신이 한 것을 자신이 부정하는, 진정한 예술가의 상을 보여주고 있다. 설사 그의 사진이 예술작품이 아니라 산업 경관에 대한 기록에 그친다고 해도 아쉬울 것은 없다. 오늘날 산업 경관의 의미와 아름다움을 충실히 기록해서 남긴 것만으로도 의미가 깊기 때문이다.

 이영준(기계비평가)

기민棄民이 국가에 고함

문용식, '사건'으로 다가오다

1945년 8월 15일. 이날이 모든 조선인들에게 한결같은 해방을 가져다준
것은 아니었다. 전쟁 말기에 일본군으로 징집된 식민지 조선의 청년들 중
에는 고향으로 돌아오지 못하고 소련군에 의해 시베리아로 끌려가 혹독
한 포로생활을 몇 년씩이나 견뎌야 했던 이들이 있었다. 스무 살 동갑내
기였던 그들 중 살아남아 귀환한 자들은 어느덧 90세를 훌쩍 넘은 할아
버지가 되었다. 포로 경험자들과 유족들의 말을 '듣는다'는 것은 40년 이
상 침묵을 강요당해왔던 그들의 억압된 시간들을 봉인 해제한다는 의미
를 갖는 것이기도 하다.

　시베리아 조선인 일본군 포로 문순남의 유족 문용식을 처음 만난 건

MBC 8·15 특집 다큐멘터리 〈아버지와 나―1945년 시베리아〉의 제작 과정에 참여했을 때였다. 여러 등장인물 중에서도 문용식의 인상은 특히 강렬했다. 그의 입에서 쏟아져 나오는 이야기는 쉽사리 기억에서 지워낼 수 없는 '얼룩'처럼 내게 각인되었다.

그와의 만남은 내게 '사건'적인 의미를 갖는다. 그를 만나기 전으로는 돌아갈 수 없을 만큼 그의 삶에 휘말려들었기 때문이다. '사건'을 통과하면서 모든 것이 변했고 나도 변했다. 살다 보면 절대로 그냥 지나치거나 외면할 수 없는 인물과 조우할 때가 있는데, 나에게는 문용식이 그랬다.

기민棄民, 버려진 자리에서
융기하는 사람들

문용식은 자신의 아버지가 러시아와 일본, 한국이라는 세 국가로부터 철저하게 '버려졌다'고 주장하며, 각국의 행정관청을 상대로 오랜 기간 고독하고 지난한 싸움을 벌여왔다. 국가로부터 버림받은 사람들을 가리키는 '기민棄民'은 한국에서는 좀처럼 사용하지 않는 용어이지만, 국가―없음의 상태인 난민과는 다른 층위에서 국가와 개인의 관계를 적나라하게 드러내는 표현이다.

그러나 동시에 이러한 표현은 타자의 무력함만을 상상하게 만든다는 점에서 신중하게 사용되어야 한다. 기민은 오히려 거꾸로 솟아나는 종유석처럼, 버려진 그 자리에서 끊임없이 융기하여 국민국가가 지닌 불가능성을 드러내는 존재다. 또한 이들은 기민을 배제함으로써만 자신의 정체성을 확립하고 동일성을 공고히 하려는 사람들의 체제와 어떤 식으로든

연루되어 있다. 때문에 기민들에 대한 이야기는 그들의 이야기이자 '우리'의 이야기이기도 하다.

　문용식은 1960년생이다. 아버지가 쉰이라는 나이에 급환으로 세상을 떠나고 20여 년이 지난 1995년의 어느 날, 고향 친척이 그에게 신문 조각을 건네면서 일제 말기에 징집으로 끌려간 아버지가 전쟁이 끝났음에도 돌아오지 못한 채 시베리아에서 몇 년간 포로생활을 했다고 귀띔해주었다. 시베리아 일본군 조선인 포로들 중 6천여 명의 명단이 《부산일보》에 공개되었으니, 아버지의 이름을 찾아보라는 것이었다. 처음 듣는 얘기였

시베리아 일본군 조선인 포로 명단(1995년 《부산일보》)
일제 말기에 징집으로 끌려간 조선인 포로들은
전쟁이 끝난 뒤에도 돌아오지 못한 채 시베리아에서 몇 년간 포로 생활을 했다.
문용식의 아버지도 그러한 포로들 중 한 명이었다.
《부산일보》는 1995년 이 시베리아 일본군 조선인 포로들 중
6천여 명의 명단을 공개했다.

다. 아버지는 생전에 시베리아에서의 경험을 단 한 번도 가족들에게 이야기한 적이 없었다. 그러나 신문에 빼곡히 적혀 있는 이름들 속에 아버지의 이름은 없었다.

냉전은 개인들의 구체적인 삶 구석구석에까지 그 그림자를 드리웠다. 소련과의 수교 이전까지는 시베리아에서의 포로 경험에 대해 당사자의 가족들도 모르는 게 다반사였다. '적성국가에서 온 자들'이라는 낙인 때문이었다. 냉전은 기민들에 대한 국민국가체제의 공모관계로 지탱된다. 소련은 시베리아 일본군 포로들을 전후 재건의 노동력으로 착취했고, 일본은 소련과의 관계를 정상화하면서 소련의 책임을 더 이상 묻지 못하게 했으며, 한국은 반공국가로서의 정체성을 공고히 하면서 시베리아에서의 경험과 기억을 억압했다.

문용식이 처음으로 피해 접수를 하게 된 것은 2005년에 〈대일항쟁기 국외 강제동원 피해조사 및 지원에 관한 특별법〉이 제정되어 시행령이 공포되었을 때다. 그러나 시행령은 개인이 자신의 피해 사실을 입증하도록 되어 있었기 때문에, 이미 사망한 실향민 아버지의 피해를 입증하는 일은 그저 막막하기만 했다. 정부기관에 진정서를 내기도 하고, 일본 후생성에 아버지의 군복무 기록의 조회를 요청하기까지 했지만, 한일 양국 정부기관으로부터 찾을 수 없다는 회신만 돌아올 뿐이었다. 어려움을 호소하는 그에게 국가기관은 믿을 수 없을 만큼 냉담하고 성의 없는 태도를 보였다. 이는 그가 국가를 상대로 싸움을 시작하는 계기가 되었다.

"제가 피해 접수를 하고 나서 답신이 왔는데, 아버지가 소련에서 포로로 수용소 생활을 한 지역이 어디인지를 묻더라고요. 위치, 수용소 캠프 번호, 이런 것들을 알아내서 통보해 달라는 회신이었어요. 하루 벌어 하루 먹고 사는 제가, 무슨 수로 러시아에 가서 포로생활을 했던 아버지의 정보를 찾을 수 있겠습니까? 이런 것들을 알아봐 달라고 민원을 제기한 건데, 오히려 나한테 이걸 찾아오라고 하는 게 말이 됩니까?"

그들만의 '언어'에 이의를 제기하다

문용식의 입에서는 대한민국 헌법과 제네바 협약, 포츠담선언과 일본국 헌법의 문구들이 담담한 어조로 술술 읊어져 나왔다. 하루하루 극심한 육체노동에 시달리는 그가, 자신의 고된 몸을 다독일 시간을 쪼개가며 밤마다 헌법과 국제법 관련 사이트를 뒤적이고 씨름했던 이유는 도대체 무엇일까? 그는 아버지의 알려지지 않은 경험과 온전히 만나고 싶었고, 아버지와 같은 경험을 했던 사람들이 마치 존재하지 않았다는 듯이 은폐되거나 잊히는 것을 그냥 두고 볼 수 없었기 때문이었다고 대답한다.

그러나 정부를 상대로 '말'을 한다는 건 생각만큼 수월한 일이 아니었다. 알 수 없는 법률용어와 법 조항으로 가득한 정부의 회신 문서 내용을 파악하기 위해, 즉 '그들만의 언어'를 이해하고 그들과 소통하기 위해 그는 우선 법률 공부를 시작했다.

"정부에 민원을 제기하면 법률에 근거하여 답신이 돌아옵니다. 그리고 그 답신은 '그들의 말'로 되어 있어서 이해하기 어려운 문장들이었습니다. 제가 법에 대해 공부해야겠다고 마음먹은 것은 이때부터고, 공부하다 보니 정부의 답신에 커다란 모순들이 있다는 것을 알게 되었습니다."

인터뷰를 위해 어느 뜨거운 여름 밤, 대구에 있는 그의 일터를 방문했다. 그는 공장에서 수출용 대형 기계를 포장하는 일을 한다. 야간업무가 많고 휴일이 불규칙하며 야외작업이 많은 강도 높은 육체노동이다. 공장의 작업장 2층에 마련된 작은 사무실은 밤이 되면 낮의 분주함을 잊고 온전히 그의 공부방이 된다. 소박하고 겸손한 그 공간에서 그는 지난 십여 년간 날마다 법률 관련 웹사이트와 기사를 뒤져가며 낯선 언어로 탄원서와 요망서를 작성하고, 자신이 제기한 민원에 대한 각국 정부의 답신을 검토하기 위해 구글 번역기를 돌리면서, 이른바 프롤레타리아의 밤들을 수없이 밝혀왔을 터였다.

2005년 강제동원진상규명위원회(이하 '강동위')에서 진상조사가 진행되던 무렵, 그에게는 아버지의 피해사실을 입증할 만한 단서가 없었다. 그래서 동아일보 본사에 보존되어 있는 마이크로필름 자료들을 꼼꼼히

문용식이 일하는 공장
〈대일항쟁기 국외 강제동원 피해조사 및 지원에 관한 특별법〉 시행령은 개인이 자신의 피해 사실을 입증하도록 되어 있었다. 이 때문에 문용식은 알 수 없는 법률용어와 법 조항으로 가득한 정부의 회신 문서의 내용을 파악하기 위해 법률 공부를 시작했다. 자신이 일하는 공장의 작업장 2층에 마련된 작은 사무실에서 밤마다 낮의 분주함을 잊고 공부에 매달렸다.

열람했다고 한다. 아버지의 이름을 찾기 위해서였다. 정부에서 요구하는 자료들 중 어느 하나도 그는 가지고 있지 않았다. 국가기록원에도, 정부 관계 부처에도 아버지에 대한 기록은 없었다. 그의 아버지는 서류상으로는 '없는 존재'였다.

문용식이 독학으로 공부한 법적 지식에 근거하여 정부의 회신을 일일이 반박하는 과정은, 구체적인 대처를 위해 한국과 일본 그리고 러시아의 외교 관료들을 움직이게 하는 계기로 작동했다. 한국과 일본에서 아버지의 기록을 찾지 못하자, 그 다음엔 외교부의 러시아 담당 유라시아과를 통해 아버지의 노동증명서 발급에 협조해 달라는 요청서를 보냈고, 이에 외교부는 모스크바 주재 대사관에 그의 민원 내용을 알림으로써 러시아 관련 기관과 교섭하게 되었다. 그러던 중 아버지의 이름이 일본어로 한자를 훈독한 '미나미히라 준난'이라는 창씨개명한 이름으로 기재되었음을 '강동위'를 통해 알게 되었다. 10년 전부터 지녀왔던 신문 조각에서 드디어 아버지의 일본식 이름을 찾게 된 것이다. 문용식은 '그들만의 언어'가 점령하고 있던 의미와 가시성의 세계 속으로 이렇게 틈입闖入을 감행했다.

스탈린의 비밀지령, 전후 복구의 비계scaffold로 소비된 포로들

그의 아버지는 도대체 어떤 일을 겪었던 것일까? 일본은 1944년에 식민지 조선에까지 징병제를 실시하기에 이른다. 심지어 종전을 불과 며칠 남겨두고 징집된 이들도 있었다. 문용식의 아버지 문순남은 1923년생으로, 종전 두 달 전에 일본군으로 징집되어 만주로 끌려갔다.

전쟁이 끝나자 소련 정부는 일본군 포로들을 전후 경제 부흥과 도시 재건을 위한 노동력으로 활용하려는 계획을 세웠다. 1945년 8월 23일에 소련 국가방위위원회의 결정(No.9898)으로 불리는 '스탈린 비밀지령'이 내려지자, 일본군 포로들은 그해 9월부터 중앙아시아와 시베리아, 몽골로 이송되어 강제노동으로 내몰리게 된다. 관동군 소속 조선인들은 일본 군으로 간주되었다. 소련 각지로 끌려간 일본군 포로는 64만 명을 웃돌 았고, 2,000여 개의 포로수용소에 흩어져 수감되었는데, 이 중 조선인은 1만여 명으로 추산된다. 이들은 포로명부에 일본 국적과 창씨개명된 일본 이름으로 기록된 채 소련군에 넘겨졌기 때문에 아직도 정확한 파악이 어렵다. '일본군'으로 뭉뚱그려진 사람들 속에는 조선인뿐 아니라 중국인, 만주인, 몽골인, 심지어 말레이인까지 포함되어 있었다.

문용식은 이 시점에서 스탈린이 포츠담선언을 위반했다고 주장한다. 1945년 7월 26일, 일본에 항복을 권고하고 전후 대일對日 처리 방침을 표명한 포츠담선언이 발표됐다. 미국의 트루먼, 영국의 처칠, 중국 장제스와 함께 스탈린도 이 선언문에 서명했다. 하지만 '비밀지령'을 내림으로써 "일본 군대는 완전히 무장해제된 후, 평화롭고 생산적인 삶을 영위할 기회와 함께 집으로 돌아가는 것이 허용된다"는 포츠담선언의 제9조를 명백히 위반했다.

시베리아로 끌려간 포로들은 전후 소련과 몽골의 재건을 위한 비숙련 노동력으로 투입되었다. 건물이 준공되면 인부들의 발판이나 지지대와 같은 비계가 철거되듯이, 포로들은 전후 소련 사회를 복구하는 물질적 토대를 구축했지만 혹독했던 자신들의 노동의 몫은 받지 못했다.

환영받지 못한 귀환,
적성국가 소련에서 살아 돌아온 빨갱이?

결국 시베리아의 조선인 포로들이 귀환하기 시작한 것은 해방 후 3년이 지난 1948년 말이었다. 시베리아로 끌려간 1만여 명의 조선인 포로들 중 2,300여 명은 3년이 넘는 억류생활을 마치고 출신지별로 귀환하게 되었다. 화물선에 실려 흥남부두에 도착한 포로들 중 북한 출신자들은 각자의 고향으로 돌아갔지만, 남쪽에 고향이 있는 귀환자들은 38선을 넘어 남쪽으로 내려와야 했다. 포로수용소에서 죽을 고비를 수없이 넘겼지만, 가장 위험한 고비는 38선을 넘는 일이었다고 생존자들은 말한다. 무사히 남한으로 내려왔다 하더라도 적성국가 소련에 있었다는 이유만으로 경찰서로 연행되어 고문을 당하고 조사를 받기도 했다.

각자의 고향으로 돌아가기 전, 그들은 인천 송현동 전재민戰災民수용소에 수용되어 약 50일 동안 무려 15개 이상의 기관으로부터 조사, 심문을 받아야 했다. 조사관들은 포로 경험자들이 소련에서 국가를 배반했을 무언가를 찾아내려고 했을 것이다. 1949년 3월 26일 자《동아일보》2면에는 〈소련에 포로 갔던 청년들 그리운 고향으로〉라는 기사가 실렸는데, 포로 청년 477명 중 범죄혐의자 18명을 적발하여 남기고는 나머지를 각도 경찰국에 인도하여 분산시켰다는 내용이다. 기사에서 언급된 18명의 운명을 알 수 있는 자료는 아직 찾을 수 없다.

고향에 돌아와서도 그들은 늘 감시 대상이었다. 공산주의자로 몰리거나 잠재적인 간첩으로 의심받을 위험이 있었기 때문에, 시베리아에서의 경험은 누구에게도 말할 수 없는 것이 되었다. 자신들이 겪은 고통에 대한 보상 요구는 당시로서는 꿈도 꾸지 못할 일이었다. 그들이 '커밍아웃'을 하기 시작한 것은 그로부터 40년이 지나 한국과 소련의 관계가 정상화되고 나서부터다. 그들은 '북쪽에서 불어오는 차가운 바람'이라는 뜻의 '삭풍회'를 조직하고, 러시아 정부로부터 포로 기간 중에 강요당한 강제노동에 대한 노동증명서를 받아냈다.

공문서의 지면에서 만난 아버지

한일 보수 정권은 줄곧 1956년 일소공동선언과 1965년 한일협정이라는 두 개의 조약으로 일소 간, 그리고 한일 간 서로에 대한 청구권이 완전히 소멸되었다고 말해왔다. 이에 대해 문용식은 세 국가 모두 시베리아 문제에 대해 적극적인 노력을 기울여오지 않았다며 '부작위不作爲'를 비판한다. 1965년에 체결된 한일협정에서 일본군 위안부 문제가 다루어지지 않았던 것과 마찬가지로, 시베리아 포로 문제 또한 의제로서 취급되지도 '문제화'되지도 않았다. 그러나 문용식은 국가 간의 청구권과는 별도로, 개인 청구권이 남아 있음을 강조한다. 2003년에는 포로 경험자들이 일본 정부를 상대로 하나둘씩 보상 청구를 시작했지만, 일본의 재판소는 이러한 청구소송을 한결같은 이유로 기각했다. 한일협정으로 인해 청구권이 말소되었다는 것이다.

2000년대 초중반 개인 청구권에 기반한 일본에서의 법정 투쟁이 기각되면서 상징적인 의미밖에 갖지 못한다 하더라도, 재판 과정에서 생존자들의 '증언'은 매우 중요한 의미를 지닌다. 40년간의 침묵으로 생겨난 과거의 공백과 억압된 기억을 소환하는 재판 과정 자체가 그들에겐 삶의 전

문용식

아버지가 쉰이라는 나이에 급환으로 세상을 떠나고 20여 년이 지난 1995년의 어느 날, 고향 친척이 그에게 아버지의 과거를 알려주었다. 일제 말기에 징집으로 끌려간 아버지가 전쟁이 끝났음에도 돌아오지 못한 채 시베리아에서 몇 년간 포로 생활을 했다는 것이다. 문용식은 2005년 〈대일항쟁기 국외 강제동원 피해조사 및 지원에 관한 특별법〉이 제정되어 시행령이 공포되자 처음으로 피해접수를 했다. 아버지의 알려지지 않은 경험과 온전히 만나고 싶었고, 아버지와 같은 경험을 했던 사람들이 마치 존재하지 않았다는 듯이 은폐되거나 잊히는 것을 그냥 두고 볼 수 없었기 때문이다.

체성을 회복하고 존엄을 되찾기 위한 출발점이 되었기 때문이다.

국가기록원은 2007년 러시아 군사문서 보존소로부터 소련에 억류되었던 조선인 포로카드 약 3,700명분을 입수했는데, 문용식도 이때 아버지의 신상명세서와 수용 상황 등이 적힌 카드 사본을 받았다. 그는 처음으로 청년이었던 포로 시절의 아버지와 오롯이 대면하게 된다. 아버지의 사망으로부터 25년이라는 시간이 지난 후였다. 아버지의 자필로 쓰인 이름 석 자를 보고 문용식이 느꼈을 여러 가지 감정의 뭉치들은, 내가 이 문서를 마주했을 때도 매우 강렬하게 전해져왔다. 문용식과 나는 이렇게 공문서의 지면紙面을 통해 뒤늦게나마 평생 농부였으며 둥근 얼굴에 키가 작고 이마에 상처가 있었다는 그의 아버지, 무산자 계급으로 기록된 문순남과 가슴 벅차게 만났다.

국가란 무엇인가

문용식이 기대했던 국가의 모습은 그가 싸워왔던 시공간 속엔 부재不在했다. 공개된 극비문서들 속에 드러난 국가의 실체는 국민을 고작 국가 간의 거래조건 정도로밖에 생각하지 않는 흉악한 모습을 하고 있었다. 국가란 애초에 실체가 주어져 있는 것이 아닐지도 모른다고 그는 말한다. 또한 국가란 무엇인가를 묻는 동시에, 국가에게 국민이란 무엇인가를 되물어야 한다고 강조한다.

국민이라는 이름으로 동원되어 삶을 송두리째 박탈당했던 사람들의 존엄성과 자유와 권리가 국민이라는 이름으로 회복되지 못할 때, 우리는 어떤 식으로 우리의 권리를 지켜내고 존엄을 회복할 수 있을까? 문용식은 국제법에 근거한 호소와 더불어 국적을 초월한 기민棄民들의 연대라는 하나의 방법을 제시하고 있다. 그가 이 부당한 세계를 살아내는 모습은, 이러한 질문들이 뒤늦게나마 시작되어야 하는 이유를 말해주는 하나의 목소리다.

문용식은 내가 업으로 하는 학문이나 활동이 도대체 무엇이며, 그것은 문용식이 온몸으로 밀어붙이는 공부와 어떤 식으로 소통하며 연대할 수 있을지를 되묻게 만들었다. 그는 도움을 요청하는 무력한 타자가 아니라, 우리로 하여금 새로운 사유를 촉발하고 이제껏 없었던 물음을 던지게 만드는 힘센 타자다.

 심아정(독립연구활동가)

주석

책머리에

[1] 〈인문학협동조합 창립선언문〉.
[2] 〈인문학협동조합 창립선언문〉.

01_공부를 공부하는 팔방미인—장르를 넘나드는 작가 장정일

[1] https://ko.wikipedia.org/wiki/
[2] 장정일, 〈개인기록〉, 《문학동네》 1995년 봄호.
[3] 장정일, 《장정일의 공부》, RHK, 2015(초판 2006).
[4] 장정일, 《길안에서 택시잡기》, 민음사, 1988.

02_'말'의 형식을 깨고 의미를 발명하다—조선 만담의 창시자 신불출

1 소희조, 〈만담의 재사 신불출〉, 《조선예술》 615호, 2008년 3월, 평양: 문학예술출판사.

2 〈만담가 '신불출'을 아시나요?〉, 《주간동아》 2009년 5월 20일.

3 반재식, 《만담 백년사》, 만담 보존회, 1997.

4 〈만담의 천재 신불출군 경향간 대인기〉, 《매일신보》, 1935년 1월 3일.

5 1933년 2월 발매 당시의 레코드 라벨에는 〈익살마진 대머리〉라는 제목이 붙어 있다. 반재식, 《유성기 음반문화사》, 백중당, 2010, 43~44쪽.

6 고설봉, 《빙하시대의 연극마당 배우세상》, 이가책, 1996.

7 이하 이 단락에서 인용한 구절의 출처는 신불출, 〈웅변과 만담〉, 《삼천리》 1935년 6월.

8 신불출, 〈웅변과 만담〉, 《삼천리》 1935년 6월.

9 신불출, 〈기술자의 일인으로 식자층에 소함(하)〉, 《조선중앙일보》 1934년 5월 11일.

10 신불출, 〈'극예술협회'에 보내는 공개장〉, 《삼천리》 1937년 1월.

11 신불출은 "조선문학을 이야기한다면 조선말을 떠나서는 성립되지 않는 것처럼", "조선말을 떠나서 조선연극을 연구할 수 없"다는 입장을 밝힌다. "조선연극을 생각할 때 조선말과 조선춤과 조선생활을 떠나서는" 그것이 존재할 수 없다는 것이다. 〈복혜숙 신불출 대담회〉, 《조광》 1938년 11월.

12 신불출, 〈'극예술협회'에 보내는 공개장〉.

13 〈만담가 신불출 태극기 모독으로 군중에게 구타 당함〉, 《동아일보》 1946년 6월 13일; 〈만담가 신불출, 태극기 모독 사건으로 경찰에 구금〉, 《동아일보》 1946년 6월 15일.

14 신불출, 〈웅변과 만담〉, 《삼천리》 1935년 6월.

03_시대의 마운드에서 퇴장당하다—'조선 야구'의 시작과 끝 박석윤

1 박석윤의 유학 초기에 대해서는 다음의 연구를 주로 참조했다. 미즈노 나오키, 〈식민지 시대를 산 조선인 엘리트 박석윤의 생애〉, 한양대학교 동아시아문화연구소 '제50회 동

아시아문화강좌' 발표문, 2013년 10월 18일.

[2] 〈서관에서 도라온 유학생야구단〉, 《동아일보》 1920년 8월 11일, 3면 참조.

[3] 〈서관에서 도라온 유학생야구단〉, 《동아일보》 1920년 8월 11일, 3면 참조.

[4] 용주생(박석윤), 〈야구원정〉, 《기독청년》 9, 1918년 9월; 용주생(박석윤), 〈야구원정잡감〉, 《기독청년》 10, 1918년 10월; 용주생(박석윤), 〈야구원정통신〉, 《현대》 8, 1920년 10월.

[5] 용주생(박석윤), 〈야구원정잡감〉, 《기독청년》 10, 1918년 10월, 11~12쪽.

[6] 〈쎄쓰뽈 설명〉, 《청춘》 1호, 1914년 10월, 122쪽.

[7] 박석윤, 〈전미국야구단의 대선수를 접한 인상〉, 《동명》 16, 1922년 12월 17일 참조.

05_ '강인한 육체'의 여성, 영화라는 금지된 모험―한국 최초 여성 영화감독 박남옥

[1] 박남옥의 등장 이전까지 식민지 조선영화로부터 이어지는 한국영화사에서 여성은 '연출'이 아닌 '출연'의 방식으로 텍스트에 관여할 수 있었을 뿐이다. 감독 최인규의 아내였던 김신재는 남편이 이필우의 녹음조수로 참여했던 〈심청〉(1937, 안석영 감독)의 조연으로 데뷔했다. 신의주 신영극장의 사무원이었던 김신재는 〈심청〉 출연 당시 다른 배우들과는 달리 무대의 경험도, 무성영화 출연의 경험도 전무한 신인이었다. 김신재의 연기 경력은 발성영화로부터 시작되었으며 그런 만큼 과거의 연기 양식이 몸에 젖어 있지 않았고 새로운 연기 방식에 쉽게 적응할 수 있었다. 1930년대 식민지 조선영화계의 재편과 김신재의 새로운 연기 양식에 대한 논의는 이순진, 〈1930년대 영화기업의 등장과 조선의 영화 스타〉, 《한국극예술연구》 제30집, 한국극예술학회, 2009년 10월 참고.

[2] 1930년대는 세계 영화계에서 여성이 배우가 아니라 감독으로 활동하는 경우가 매우 드물었던 시기다. 여성감독으로서 레니 리펜슈탈이 연출한 〈올림피아〉는 수전 손택의 날카로운 경고를 떠올리지 않을 수 없는 작품이다. "이상을 추구하는 니체적인 고통, 승리의 쾌감, 죽음 앞에 선다 하더라도 꺾이지 않는 강력한 지도자(혹은 신념)에의 복종"의 혼합물로서 〈올림피아〉, 즉 "파시스트 예술은 복종을 찬미하고, 무정신의 상태를 찬양하고 죽음을 미화한다." '색깔과 음악, 움직임의 교향곡'으로 평가받는 이 영화는 1938년

히틀러의 마흔여덟 번째 생일에 공개되었고, 히틀러 역시 특별손님으로 참석했다. 오드리 설킬드, 허진 옮김, 《레니 리펜슈탈: 금지된 열정》, 마티, 2006. 참고.

[3] 김종원, 〈최초의 여감독이 된 투포환 선수, 〈미망인〉의 박남옥〉, 《한국영상자료원 웹진: 영화평론가 김종원의 그 시절, 그 사람》, 한국영상자료원, 2015(http://www.koreafilm. or.kr/webzine/section_view.asp?Section=1&UpSeq=&downSeq=3608&intGroupNum=32).

[4] 1960년 1월호부터 고급 대중지를 표방한 《시네마팬》은 박남옥이 발행했으나 불과 몇 호만에 강인순에게 판권이 넘어갔다. 그사이 잡지의 제호 또한 《시네팬》으로 바뀌었다. 김종원, 〈영화잡지의 역사 1919~1978: 연속사진 시대의 '녹성'에서 '영상시대'까지〉, 《공연과 리뷰》 제87호, 현대미학사, 2014. 12 참고.

[5] 〈未亡人 女監督·朴南玉 作〉, 《동아일보》, 1955년 2월 27일.

[6] 임순례 감독은 2001년 다큐멘터리 영화 〈아름다운 생존: 여성 영화인이 말하는 영화〉를 통해 박남옥의 삶과 영화를 조명한 바 있기도 하다. 박남옥을 기리는 김재의의 〈꿈〉이 발표된 바로 그해였다.

[7] 김현경, 〈여성과 장소/자리〉, 《사람, 장소, 환대》, 문학과지성사, 2015 참고.

08_문학과 사회주의,

독학자들의 영원한 다리—임화와 마츠모토 세이초의 독학과 기연奇緣

[1] 松本清張, 《北の詩人》, 中央公論社, 1964. 이 저작은 일찍이 김병걸에 의해 1987년 6월 의 혁명 정국 속에서 번역 출간되었다. 신경림이 쓴 해설에서 알 수 있듯, 번역되기 전 부터 이 소설은 한국 내에 이미 유통되고 있었다. 마츠모토 세이쪼, 김병걸 옮김, 《북의 시인 임화》, 1987.

[2] 다음 선집을 통해 한국어로 읽을 수 있다. 미야베 미유키 책임편집, 이규원 옮김, 《마츠 모토 세이초 걸작 단편 컬렉션》, 북스피어, 2009.

[3] 임화의 전기적 이력과 북에서의 숙청 과정에 대해서는 김윤식, 《임화 연구》, 문학사상 사, 1989.

[4] 레지 드브레, 〈매체론으로 본 사회주의의 역사〉, 《뉴레프트 리뷰》 1, 길, 2009.

[5] 다음 번역서로 접할 수 있다. 마츠모토 세이초, 김경남 옮김, 《일본의 검은 안개》 상/하, 모비딕, 2012.

[6] 大岡昇平, 〈松本淸張批判－常識的文学論 (12)〉, 《群像》, 1961年 12月号.

[7] 마쓰모토 세이초, 강영길 옮김, 《점과 선》, 동서문화사, 2003(1977년 초판).

[8] 테리 이글턴, 김명환·장남수·정남영 옮김, 《문학이론입문》, 창작과비평사, 1989.

09_우리의 앎은 돌이킬 수 없이

연루되어 있다─스스로를 불사른 평화시장 재단사 전태일

[1] 전태일의 글은 비교적 늦은 1988년 《내 죽음을 헛되이 말라》(전태일기념사업회 엮음, 돌베개, 1988)는 이름으로 출판되었다. 그러나 오래전에 절판되어 시중에서 거의 구할 수 없는 형편이다. 이 책 서문에 따르면 전태일이 분신한 다음 날 《조선일보》 기자가 보도를 위해 전태일의 노트를 빌려갔으나 어떤 이유에서인지 군데군데 뜯겨져 나간 채 돌려받았다고 한다. 유실된 페이지는 결국 찾지 못했고 전태일의 어머니 고故 이소선 여사는 혹시라도 당국으로부터 일기를 빼앗길까봐 집안의 가장 깊숙한 곳에 숨겨두었다고 한다. 그렇게 보관된 전태일의 노트 일곱 권은 2013년 동생인 전태삼에 의해 43년 만에 공개되었다. 전태일 재단 홈페이지에서 전태일이 쓴 일기 및 편지 원문 일부를 열람할 수 있다. http://www.chuntaeil.org

[2] 자크 랑시에르의 《무지한 스승》(양창렬 옮김, 궁리, 2008/2016)은 '너 자신을 알라'라는 철학의 오래된 명제를 '네가 다른 모두와 지적으로 평등하다는 사실을 알라'는 명제로 전환함으로써 그 사실을 또 다른 모두에게 알리는 것의 중요성을, 1818년 루뱅대학 불문학 담당 외국인 강사가 된 조제프 자코토의 '지적 모험'을 사례로 논증해간다. 그 핵심 논의는 "아무 평민이나 스스로를 인간이라 느끼고, 자기가 할 수 있다고 믿으며, 자기 자신과 모든 다른 사람의 지능의 특권을 행사할 수 있다고 믿는다는 것", 그리고 "모든 인간은 늘 매순간 해방될 수 있고, 타인을 해방할 수 있으며, 다른 사람들에게 혜택을 알리고, 제 자신을 알 수 있다"는 것이다. 랑시에르는 이러한 능력의 평등이 민주주의의

기초가 된다고 주장한다.

3 조영래의 《전태일 평전》은 그가 민청학련 사건으로 수배되었을 당시(1974년) 3년 동안
집필한 것으로 《어느 청년 노동자의 삶과 죽음―전태일 평전》(돌베개, 1983)이라는 제목
으로 출간되었다(1976년경에 집필이 완성된 것으로 추정). 당시엔 당국의 검열과 탄압의 우
려 탓에 조영래의 이름을 감추고 '전태일기념관건립위원회 엮음'으로 표기되었지만
1991년 개정판이 나올 때는 저자 이름이 표기되었다. 《전태일 평전》은 저자가 수배 중
이었고 국내 정세상 출판되기 어려운 형편에 놓여 있었던 탓에 일본에서 《炎よ, わたし
をつつめ―ある韓國靑年勞動者の生と死》(金英琪, たいまつ社, 1978)라는 제목으로 먼저
출판되었다. 조영래의 자필 원고를 건네받아 보관하고 있던 민종덕에 의하면 '김영기'
라는 가명의 영英은 조영래를 의미하는 것이고, 기琪는 장기표를 의미하는 것이라고 한
다. 2009년 출판사가 전태일기념사업회로 옮겨져 《전태일 평전》 신판이 나왔다.

4 박숙자의 〈기억과 재현으로서의 애도: 《전태일 평전》〉(《국제어문》 67집, 2015)는 '전태일'
과 '전태일 평전'을 동일한 것으로 수용하고 있던 기존의 관점과 달리 《전태일 평전》에
서 서술자의 자리를 지워버리지 않고 그 위치의 변화 추이를 살핌으로써 전태일의 목소
리를 주어의 자리로 내세우며 전태일의 삶을 공적 역사에 기입시키고 있음을 예리하게
분별하고 있다.

5 1971년 1월 《신동아》는 전태일의 수기를 단독으로 입수해서 〈인간 최소한의 요구입니
다〉를 게재한다. 민종덕은 청계천 헌책방에서 《신동아》에 실린 전태일의 수기를 읽고
이소선을 찾아가 "전태일을 따르겠다"고 말하며 이후 전태일 평전을 출간하는 데 결정
적인 역할을 하고 이소선의 구술 자서전 《어머니의 길》(이소선 구술, 민종덕 정리, 돌베개,
1992)을 집필한다. 이 책은 최근 《노동자의 어머니―이소선 평전》(민종덕, 돌베개, 2016)
으로 새롭게 출간되었다. 전태일이 남긴 기록 속에 중요한 자리를 차지하는 '어린 여공'
에 관한 자세한 취재가 필요했던 조영래는 전태일의 어머니 고故 이소선 여사에게 평화
시장에서 일하고 있는 여공을 소개해 달라는 부탁을 한다. 《전태일 평전》에 아주 구체
적이고 생생하게 묘사되어 있는 어린 여공의 실태는 이소선 여사의 소개로 만난 여공과
의 대화를 출처로 하는데 그때 조영래에게 평화시장 여공의 생활에 대해 도움을 주었던
이는 신순애다. 신순애는 열세 살에 평화시장 시다가 된 이름 없는 '공순이'가 노동조합
활동을 통해 주체적인 '노동자'로 성장하는 과정을 실제 체험을 바탕으로 서술한 1970

년대 민주노동운동 이야기 《열세 살 여공의 삶—한 여성 노동자의 자기역사 쓰기》(한겨
레출판사, 2014)를 출간한다.

[6] 이종영의 《〈전태일 평전〉에 대하여》(《진보평론》 55호, 2013)는 전태일이 남긴 글에서 철학
적 사유의 힘을 발견하고 이를 사상사적 기반 위에서 논증한 거의 유일한 글이다.

11_민주 노조운동의 산증인 – 한진중공업 해고노동자 김진숙

[1] 〈[사설] 한국이 소득 불평등 OECD 4위가 의미하는 것〉, 《한국일보》 2018년 11월 26일.

[2] 〈스카이캐슬〉 JTbc 프로그램 정보(http://tv.jtbc.joins.com/plan/pr10010969).

[3] 아마티아 센 같은 경제학자는 자유, 평등, 경제발전, 민주주의의 복잡한 관계를 체계적
으로 논하여 노벨경제학상을 수상했다.

[4] 식민지시기부터 1950년대까지의 문맹률 통계는 신뢰도가 떨어진다. 김종서, 〈한국문맹
률의 검토〉(《동아일보》 1963. 9. 24); 한국문해교육협회, 《한국의 문해교육》(문음사, 2005)가
이 신뢰 문제를 다뤘다. 문식성과 독서의 문제는 옥현진, 〈성인 문식성 연구 동향 분석〉,
한국작문학회, 《작문연구》 Vol. 19, 2013; 파울루 프레이리·도날도 마세도, 허준 옮김,
《문해교육: 파울로 프레이리의 글 읽기와 세계 읽기》, 학이시습, 2014 등 참조.

[5] 장미경, 〈근대화와 1960, 70년대의 여성노동자〉, 이종구 외, 《1960~70년대 한국 노동
자의 계급문화와 정체성》, 한울아카데미, 2006, 296쪽.

[6] 이 문제에 관해서는 천정환, 〈열사의 정치학과 그 전환—2000년대 노동자의 죽음을 중
심으로〉, 《문화과학》 2013년 여름호(통권 제74호).

15_조선의 힘으로 근대화를 꿈꾸다 – 조선 최초의 철도사업가 박기종

[1] Charles Dickens, *Dombey and Son* 15장; 레이먼드 윌리엄스, *Dombey and Son*, 323~325
쪽 참조.

[2] 박기종의 생애에 관해 다음을 참조할 수 있다. 金義煥, 〈近代産業에의 開眼 朴琪淙〉,

《韓國人物全集》7, 三湖社, 1977; 趙璣濬 外 3人, 〈韓國 鐵道業의 先覺者 朴琪淙〉,《日帝下의 民族生活史》, 玄音社, 1982. 부산 좌천동에서 출생한 박기종은 일찍부터 동래부의 팔상고八商賈(대일상업에 종사하는 8인의 지정상인)에 드나들며 일본 상인들과 접촉하여 일본어에 능통하게 되었던 것으로 알려져 있다.

3 金綺秀,《日東記遊》; 박천홍,《매혹의 질주 근대의 횡단》, 산처럼, 2003, 31~35쪽 참조. 김기수의 눈에는 복도를 따라 수십 간間을 지나가도록 복도는 다 되었건만 차는 보이지 않았다. 단지 장행랑長行廊 하나가 길가에 있을 뿐이었다. 그래서 결국 "차가 어디에 있느냐"고 물었다고 한다.《일동기유》는 조선인 최초의 기차 탑승 경험을 생생하게 전달하고 있는데, 그들이 기차에 탑승하자 "우레와 번개처럼 달리고 바람과 비처럼 날뛰더니" "좌우에 산천, 초목, 옥택, 인물이 보이기는 하나 앞에 번쩍 뒤에 번쩍 하므로 도저히 걷잡을 수 없던 차창 밖 풍경에 감탄했다"고 기록하고 있다. KTX 탑승기를 보는 것 같지만, 당시 기차의 최고 속력은 시속 30킬로미터에 불과했다.

4 輕便鐵道 혹은 'light railway'라고도 한다. 현재 한국에서는 대부분의 선로가 1435밀리미터 궤간의 표준궤를 사용하고 있으나, 최근 지방 도시철도 및 서울에서 추진하는 경전철 등은 궤간을 다양하게 설계한다. 수요가 적은 노선이거나 소규모의 농업·산업용 철도를 부설할 목적으로 사용된다.

5 조영대, 〈대한제국기 박기종의 철도부설사업 추진과 그 의의〉, 동국대학교 석사학위논문, 2005, 15~20쪽 참조.

6 1898년부터 1904년 사이에 조선에서는 15개 이상의 철도 관련 회사가 설립되었다. 하지만 이 당시에 설립된 회사의 대부분은 경인선과 경부선 부설공사를 하청받거나 자재와 인력 등을 공급하는 정도였다. 정재정,《철도와 근대 서울》, 국학자료원, 2019, 144쪽 참조.

7 박기종은 철도 부설사업에 본격적인 관심을 가지기 전인 1886~1893년까지 기선회사의 설립·운영에 관여했다. 선박은 주로 부산항과 낙동강 연안의 구포, 삼랑진 등지의 포구를 왕래한 것으로 알려져 있다. 1893년 기선회사의 영업권이 사실상 일본회사로 귀속되면서 박기종은 더 이상 운영에 관여하지 않게 되었는데, 이후 철도사업에 더욱 관심을 가지게 되었을 가능성이 있다. 이와 관련한 연구는 전우용, 〈19세기 말~20세기 초 韓人회사연구〉, 서울대학교 국사학과 박사학위논문, 1997 참조.

8 '부하철도회사' 뿐만 아니라, 대한국내철도용달회사大韓國內鐵道用達會社·호남철도주식회사 등 정부로부터 철도부설권을 획득한 타 회사도 자금의 궁핍으로 인해 철도 건설을 하지 못했다. 정재정, 《철도와 근대 서울》, 144쪽, 참조.

9 2017년 5월 24일 개관했으며, 부산광역시 중구 영주동에 소재하고 있다. 근대 철도 부설에 기여하고, 지역사회의 상업·교육운동에 이바지한 공적을 중심으로 박기종을 소개한다.

10 대한제국이 사실상 대한철도회사로부터 부설권을 회수하고 서북철도국을 통해 자력으로 경의선 부설을 추진하자, 대한철도회사는 일본의 자금을 조달받아 막후에서 정부와의 교섭을 진행한 결과 부설권을 재장악했다. 이 과정에서 일본은 대한철도회사와 차관 계약을 맺고 실질적인 영향력을 행사하게 되었다. 이상의 내용은 정재정, 《철도와 근대 서울》, 149~152쪽 참조.

11 박기종, 《上京日記》, 부산근대역사관, 2005, 10~16쪽(박기종의 약력과 자료 편) 참조. 당시 하야시 곤스케林權助 주일공사는 마산의 입지 등을 고려할 때 삼마철도는 경제성이 커 반드시 부설권을 획득할 필요가 있다고 보고, 영남지선철도회사의 장악을 위해 필요한 자본과 법률조항, 박기종과 사전에 협의를 통해 요구할 부분을 치밀하게 계획했다. 이를 위해 삼마철도 부설권을 획득하고자 준비 중이었던 박기종이 부하철도사업의 실패 이후 처한 경제사정 등도 상세히 분석했다. 이와 관련한 자료는 〈馬山三浪間 鐵道 敷設權 獲得에 관한 意見 상신의 건〉(《주한일본공사관기록》16권, 국사편찬위원회 한국사데이터베이스 제공) 참조.

12 다이이치은행장이었던 시부자와 에이이치渋沢栄一는 경부철도회사의 사장이기도 했다. 고무라 주타로小村壽太郎 외무장관의 승인하에 차관 계약을 성립시키고, 1903년 12월 1일에 삼마선 부설의 권리를 경부철도회사로 양도했다. 이노우에 유이치, 석화정·박양신 옮김, 《동아시아철도 국제관계사》, 지식산업사, 2005, 116~117쪽 참조. 이 책에서는 박기종을 '한국인 브로커'로 명기하고 있다.

13 SRT의 운영사인 (주)SR은 현재 코레일의 지분이 가장 많다. 지분의 소유 관계에 따라 민영화 가능성은 언제든지 열려 있다. 장병극, 〈철도, 기대와 기만의 규율적 테크놀로지〉, 《기계비평들》, workroom, 2019, 163~167쪽 참조.

1 당시 소 그림이 민족적인 표상에서 선택된 것이 아니라는 견해가 있다. 일본 유학을 경험한 전위적인 작가들이 소재로 즐겨 차용한 것이 말과 소였는데, 이는 이중섭의 취향에 의해서가 아니라, 회화적 실험을 위해 단순히 선택된 것이라는 판단도 있다. 그렇지만 여전히 왜 '말'과 '소'인지는 명확하게 해명되지 않는다. 당시 이중섭에게 큰 영향을 주었으며 후일 백석의 처형이 되는 문학수가 '말'을 주로 그렸다면, 이중섭은 '소'로 쌍벽을 이루었다고 한다. 최열, 《이중섭 평전》, 돌베개, 2015, 135쪽 도판 설명과 김인혜, 〈문화학원과 이중섭〉, 《국립현대미술관연구논문집》 2015년 7집 참조.

2 이 그림은 세 가지 버전이 있는데, 〈길 떠나는 가족〉으로 흔히 알려져 있다.

3 조양규의 〈목동〉은 《美術手帖》(1960년 11월호)과 《藝術新潮》(1960년 11월호)에 달리 표기된다(이후 이 잡지 인용은 한글로 번역). 앞의 잡지에서는 1953년으로 되어 있고, 후자에서는 1954년으로 표기되어 있다. 한국전쟁이 끝난 후 그린 것으로 진술하고 있는 것으로 보아 전쟁 직후보다는 1954년 시점이 더 적합한 것으로 판단되고 《曺良奎畫集》(東京: 美術出版社, 1960)에도 1954년으로 표기되어 있어 이 시기를 택했다. 조양규의 소 관련 작업은 이외에도 〈소와 농부〉(1957), 〈농부와 황소〉(1957) 등이 있다. 한편, 홍윤리는 조양규의 작품에 담긴 소와 어머니 이미지를 '모국 표현'이라는 관점으로 파악하면서, 이를 조양규의 선배 세대인 문학수, 진환, 최재덕, 이중섭 등의 소 작업과의 관계에서 분석하고 있다. 홍윤리, 〈조양규의 모국 표현 작품에 대한 연구〉, 《인문과학연구논총》 2016년 참조.

4 조양규, 〈일본의 친구들이여 안녕〉, 《미술수첩》 1960년 11월호, 118쪽. 한편 조양규에게 소의 이미지는 그의 또 다른 수기 〈맨홀 화가 북조선에 돌아가기〉(《예술신조》 1960년 11월호, 183쪽)에서 밝힌 바, 무장경관을 피해 외양간에 숨어 지내던 시절 가지고 있었던 이미지였다. 홍윤리는 소 이미지가 1930년대 중반 이후 유행하게 된 계기를 유치진의 연극 〈소〉에서 묘사한 저항과 그로 인한 구금사건에서 찾는다(홍윤리, 〈조양규의 모국 표현 작품에 대한 연구〉, 410쪽)

5 조양규의 진주에서의 생활과 밀항에 관해서는 조양규가 북송선을 타기 직전에 일본의 미술잡지에 남긴 두 개의 글 가운데 〈맨홀 화가 북조선에 돌아가기〉(《예술신조》, 1960년 11월호), 윤범모의 〈조양규와 송영옥 – 재일화가의 민족의식과 분단조국〉(《한국근현대미술사학》,

2007), 정현아의 〈조양규의 조형 이미지 연구: 전위적 방법으로서 정치성〉《한국근현대미술사학》, 2009), 그리고 홍윤리의 〈조양규의 모국 표현 작품에 대한 연구〉를 참조하라. 한편 조양규의 일본에서의 활동에 대해서는 그가 남긴 위의 수기와 논문 그리고 광주시립미술관에서 열린 전시 〈재일의 인권: 송영옥과 조양규 그리고 그 밖의 재일작가들〉전 도록에 실린 하리유 이치로의 〈조양규와 송영옥—사적인 감정〉(2000)에서 확인할 수 있다.

[6] 조양규의 북한에서의 활동에 대해서는 홍지석의 〈1960년대 재일조선인 미술가들의 북한 귀국 양상과 의미: 조양규의 사례를 중심으로〉《통일인문학》 2014년, 58호)에서 살필 수 있다. 북한에서 조양규가 남긴 글과 이미지는 〈조국으로의 길〉《조선미술》 1961년 1월호), 〈어린이 초상〉《조선미술》 1965년 5월호), 〈스찔에 대한 론의〉《조선미술》 1966년 5월호), 〈색과 형태파악〉《조선미술》 1967년 2월호)가 있다(북한에서 조양규의 이름은 '조량규'로 표기되어 있다). 이외에도 월북 이후에 일본어로 남긴 글은 〈信川訪問記〉《今日の朝鮮》, 外國文出版社, 1961년 6월)가 알려져 있다.

[7] 1990년대 이후 조양규에 대한 관심은 한국에서 증대되고 있지만, 북한에서는 여전히 지워져 있고 일본에서는 그에 대한 관심 '전후'라는 관점 아래에서만 이루어지고 있다. 일본에서 사용되는 '전후'가 한국이나 북한과도 다르다는 것은 조양규가 특정한 시야 아래에서만 포착될 수 없다는 것을 시사해주고 있다.

18_융합과 통섭을 실천한 근대 지식의 '오덕후'—팔방미인 저술가 현병주

[1] 허영주, 〈대학 융합교육의 문제점과 개선방안 탐색〉, 《교육종합연구》 11권 1호, 교육종합연구소, 2013, 46쪽.

[2] "부기란 회계장부에 기록한다는 표현이고, 치부법治簿法이란 장부를 다스리는 법을 의미한다."(조익순·정석우, 《사개송도치부법의 발자취》, 박영사, 2006, 11쪽)

[3] 현병주 편, 《四介松都治簿法》, 덕흥서림, 1916.

[4] 현병주와 관련된 윤근호의 저술에는 《사개송도치부법》 연구〉《상학논총》 7, 1968)와 《한국회계사연구》(한국연구원, 1984)가 있다.

[5] 장연연, 〈대중계몽주의자 현병주 연구〉, 인하대학교 박사학위논문, 2015, 5쪽 참조.

[6] 나는 2016년 1월 25일 조익순 교수와 직접 인터뷰를 했다. 이 글에서 다룬 내용은 인터 뷰와 함께 그의 저서 《사개송도치부법의 발자취》를 참조했다.

[7] 장연연, 〈대중계몽주의자 현병주 연구〉, 10쪽 참조.

[8] 조익순·정석우, 《사개송도치부법의 발자취》, 268쪽 참조.

[9] 한국학중앙연구원 편, 《한국민족문화대백과》(www.naver.com).

[10] 최원식, 〈임진왜란을 다시 생각한다〉, 《제국 이후의 동아시아》, 창비, 2009, 262쪽.

[11] 최원식, 〈임진왜란을 다시 생각한다〉, 267쪽.

[12] 최원식, 〈임진왜란을 다시 생각한다〉, 267쪽.

[13] 현병주, 《秀吉─代와 임진록》, 신구서림, 1928.

[14] 최원식, 〈임진왜란을 다시 생각한다〉, 266~274쪽 참조.

[15] 나는 2016년 1월 11일 학회 참석차 방한한 장연연 교수와 직접 인터뷰를 했다. 이 글에 서 다룬 내용은 인터뷰와 함께 현병주 전체 저술을 텍스트로 삼은 그의 박사논문 〈대 중계몽주의자 현병주 연구〉를 참조했다.

[16] 이기영, 〈수봉선생〉, 《동아일보》 1938년 2월 18일.

[17] 장연연, 〈대중계몽주의자 현병주 연구〉, 15~21쪽 참조.

[18] 이기영, 〈수봉선생〉 참조.

[19] 장연연, 〈대중계몽주의자 현병주 연구〉, 20~21쪽 참조.

19_1,800건의 북 리뷰로 추리소설의 지도를 그리다─1세대 북 리뷰어 홍윤(물만두)

[1] 물만두 홍윤, 《별 다섯 인생》, 바다출판사, 2011, 45~46쪽.

[2] 물만두 홍윤, 《별 다섯 인생》, 282쪽.

[3] 물만두 홍윤, 《별 다섯 인생》, 90~91쪽

[4] 줄리언 시먼스, 김명남 옮김, 《블러디 머더: 추리소설에서 범죄소설로의 역사》, 을유문 화사, 2012, 28쪽.

[5] 물만두 홍윤, 《별 다섯 인생》, 117쪽.

[6] 물만두 홍윤, 《별 다섯 인생》, 46쪽.

진격의 독학자들
스스로 배움을 찾아 나선 사람들의 이야기

2019년 9월 12일 1판 1쇄 인쇄
2019년 9월 19일 1판 1쇄 발행

기획   인문학협동조합
펴낸이   박혜숙
책임편집 정호영
디자인   이보용
펴낸곳   도서출판 푸른역사
     우) 03044 서울시 종로구 자하문로8길 13
     전화: 02)720-8921(편집부) 02)720-8920(영업부)
     팩스: 02)720-9887
     전자우편: 2013history@naver.com
     등록: 1997년 2월 14일 제13-483호

ISBN 979-11-5612-150-3 03190

· 잘못 만들어진 책은 교환해드립니다.